DAS LEBEN VERSTEHEN IN GRAFIKEN

75 INFOGRAFIKEN VON A BIS Z

INHALT

Food & Drinks Mode & Style Haus & Hof Body & Soul Spiel & Spaß

Unser liebstes Spielzeug

Alltägliche und außergewöhnliche Karossen

Cabriolet

2–4

ohne oder versenkbar, aus Stoff oder Stahl

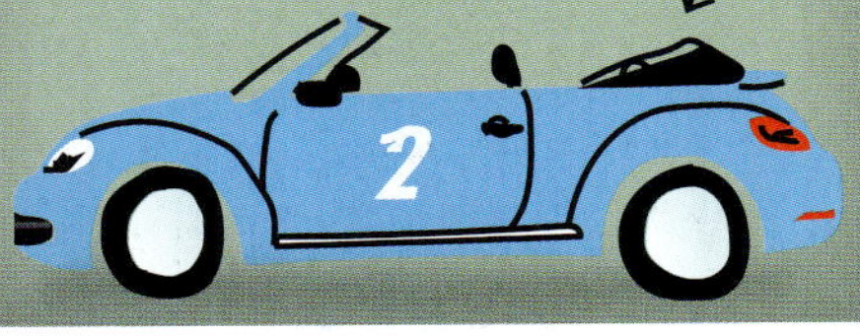

Pickup

GELÄNDEWAGEN

2–5

große Ladefläche, auch mit Laderaumabdeckung oder Hardtop

Roadster

SPORTWAGEN

2

ohne oder versenkbar, aus Stoff oder Stahl

Limousine

5

Targa SPORTWAGEN

2–4

herausnehmbares Dachteil

Coupé

4–5

Landaulet REPRÄSENTATIONSWAGEN

4–7

vorne geschlossen, hinten Faltverdeck

Stretch-Limousine REPRÄSENTATIONSWAGEN

bis 10

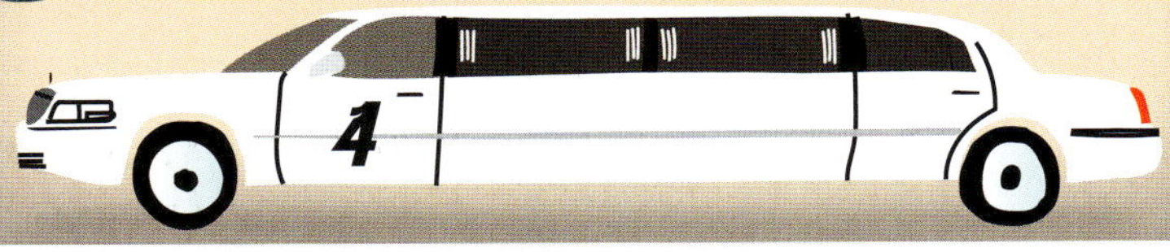

Kombi

5

Türen X Sitze Dach Steilheck Schrägheck Stufenheck

Der Fahrzeugbestand in Deutschland erreichte am 1.1.2015 mit 62,4 Mio. zugelassenen Fahrzeugen einen historischen Höchststand. Dieser Umstand schien sich direkt auf die Straße ausgewirkt zu haben: 568.000 Staus und eine Gesamt-Staulänge von ca. 1,1 Mio. Kilometern meldete der ADAC Ende des Jahres 2015. Aktuell ist die Zahl der zugelassenen Fahrzeuge in Deutschland leicht rückläufig mit 61,5 Mio. am 1.1.2016. Alleine im Sommer 2016 jedoch lag die Anzahl der Staus schon wieder über der des Vorjahres. Wer in Deutschland Auto fährt, braucht also vor allem eins: viel Geduld!

Rundum trainiert

Effiziente Übungen für Bauch, Beine & Po

10–20x pro Seite

BAUCHPRESSE KÄFER VORWÄRTS

CROSS-LEG CRUNCHES

Beine anwinkeln, rechten Fuß auf das Knie des linken Beins legen, Hände am Kopf. Linkes Bein im 90°-Winkel anheben, Oberkörper in Richtung Beine anheben.

BAUCHPRESSE KÄFER SEITWÄRTS

CROSS-LEG REVERSE CRUNCHES

Beine anwinkeln, rechten Fuß auf das Knie des linken Beins legen. Linkes Bein im 90°-Winkel anheben. Linken Ellbogen zum rechten Knie führen.

10–20x pro Seite

6x

Spannung länger halten

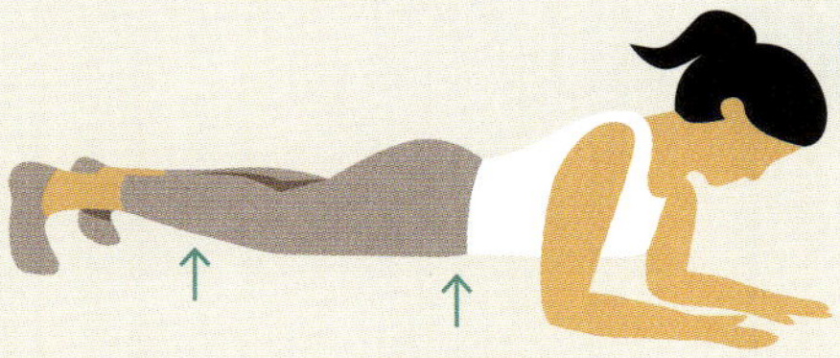

PLANKE

PLANKS

Rücken gerade halten, Schultern nach außen und Schulterblätter in Richtung Po ziehen. Spannung 10 Sek. halten. Bauch langsam absetzen.

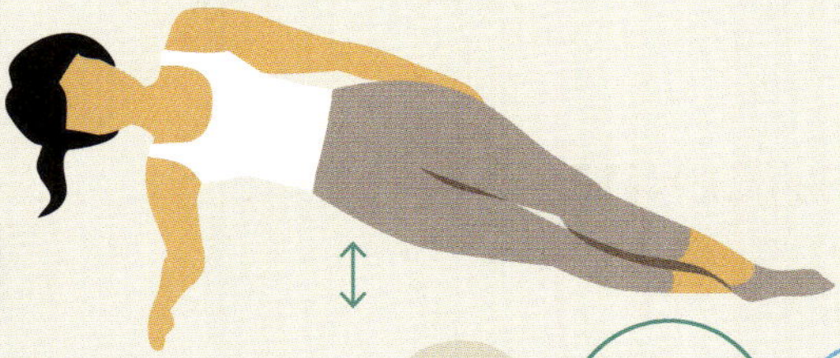

SEITENSTÜTZ

SIDE PLANKS

Becken anheben, bis Ober- und Unterkörper eine gerade Linie bilden, Position für 10–20 Sek. halten. Becken langsam absenken, bis es fast den Boden berührt.

10x pro Seite

oberes Bein gestreckt nach oben abspreizen

10–20x

FERSENPRESSE

HEEL BEATS

Fersen zusammenpressen, Beine etwas anheben. 3–5 Sek. halten. Zurück in die Ausgangsposition.

10–15x pro Seite/ 2–3 Sets

nicht festhalten

mit dem Spielbein Kreise oder Achten in die Luft malen

SEITENLIFT

LEG LIFTS

Bein zur Seite bewegen, Position kurz halten. Bein absenken, nicht auf dem Boden abstellen.

10x pro Seite/ 3 Sets

PO-KICK/KNIEHEBEN

Im Vierfüßlerstand Bein anheben, Po-Muskeln anspannen und halten. Bein absenken, nicht auf dem Boden abstellen.

Bauch anspannen

Rücken anspannen

Wiederholungen/Sets

Intensivierung

kg mit Gewichten, z.B. Hanteln/Wasserflaschen

Wiederholungen/Sets erhöhen

Schwierigkeitsgrad: niedrig / mittel / hoch

Bauch-Beine-Po ist wohl das beliebteste Training unter Frauen. Welche Frau träumt auch nicht von einem flachen Bauch, einem definierten Po und strammen Waden? Doch dieses Training hat noch weitere Vorteile: Es aktiviert die tiefliegenden Muskelschichten und baut dadurch besonders effektiv Muskeln auf, fördert die Fettverbrennung, strafft das Gewebe, trainiert die Ausdauer und erhöht das allgemeine Wohlbefinden. Und dabei ist es auch noch gelenkschonend.

BAUCHTWIST/ HÜFT-DREHER

RUSSIAN TWIST

In Rückenlage die Beine anwinkeln, die Arme horizontal spreizen und die Beine im 90°-Winkel hoch heben, beide Knie möglichst weit zu einer Seite absenken, Kopf in die entgegengesetzte Richtung drehen.

5x pro Seite/ 2–3 Sets | 10 Sek. in der Endposition verharren | Beine ausstrecken

BERGSTEIGER

MOUNTAIN CLIMBERS

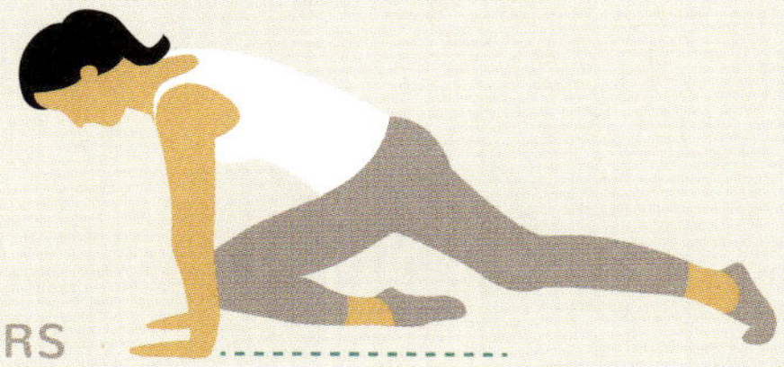

20x/ 2–3 Sets | diagonale Ausführung

Abwechselnd linkes und rechtes Knie an die Brust führen, dabei das Bein nicht absetzen, Bewegung langsam ausführen.

WAGENHEBER

INNER THIGH LIFTS

10–15x pro Seite | Bein kreisen

In Seitenlage, Oberkörper seitlich leicht aufrichten und auf dem Unterarm abstützen, der andere Arm stabilisiert. Oberes Bein anwinkeln, unteres Bein möglichst weit vom Boden abheben und langsam wieder senken.

AUSFALLSCHRITT

LUNGES

6x pro Seite/ 2 Sets

Das hintere Knie langsam bis fast auf den Boden absenken und wieder anheben.

BECKENLIFT

BRIDGES

10–15x | ein Bein gewinkelt anheben | Beine nur auf den Fersen aufstellen

Beine anwinkeln, Becken anheben, bis der Köper von den Knien bis zur Schulter eine gerade Linie bildet, diese 20 Sek. halten.

SKISPRINGER

SQUATS

10–15x | kg

Position kurz halten, mit angespannter Po-Muskulatur wieder aufrichten.

heute back' ich, morgen brau' ich…

DEUTSCHLAND, DEINE BIERE

HEFE

OBERGÄRIG

Deutschland ist weltweit bekannt für seine Bierkultur und verliert im internationalen Vergleich der Bierproduktion pro Jahr nur gegenüber China, den USA und Brasilien (Zahlen von 2015).

1. China: 471,57 Mio. Hektoliter
2. USA: 223, 51 Mio. Hektoliter
3. Brasilien: 138,58 Mio. Hektoliter
4. Deutschland: 95,62 Mio. Hektoliter

Auffallend ist, dass in Deutschland der Anteil des alkoholfreien Bieres dabei wächst – aus 2,25 Millionen Hektoliter im Jahr 2010 sind 2015 mehr als 3,6 Millionen Hektoliter geworden.

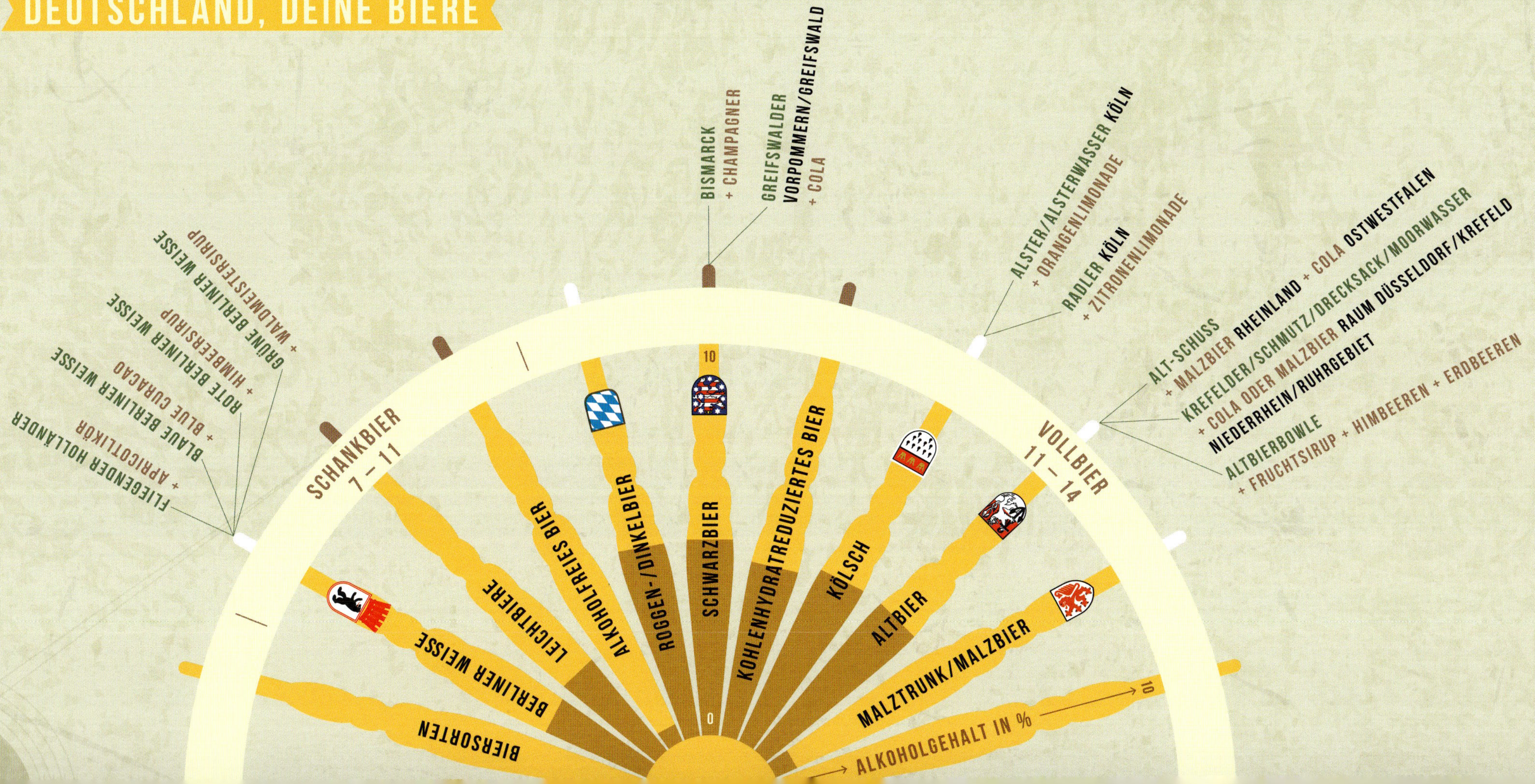

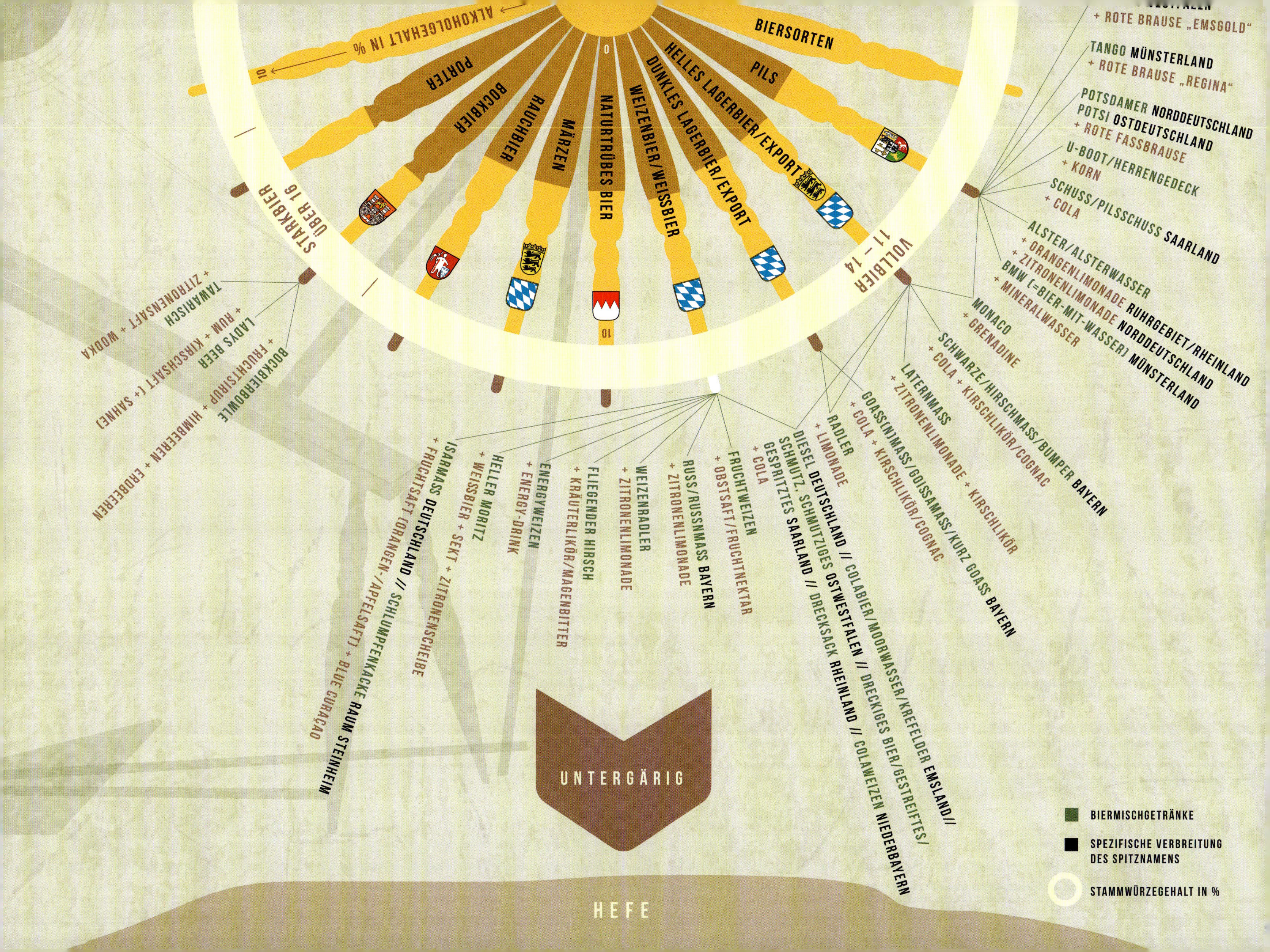

BIERSORTEN
PILS
HELLES LAGERBIER/EXPORT
DUNKLES LAGERBIER/EXPORT
WEIZENBIER/WEISSBIER
NATURTRÜBES BIER
MÄRZEN
RAUCHBIER
BOCKBIER
PORTER
ALKOHOLGEHALT IN %
0
10
VOLLBIER 11 – 14
STARKBIER ÜBER 16
+ ROTE BRAUSE „EMSGOLD"
TANGO MÜNSTERLAND
+ ROTE BRAUSE „REGINA"
POTSDAMER NORDDEUTSCHLAND
POTSI OSTDEUTSCHLAND
+ ROTE FASSBRAUSE
U-BOOT/HERRENGEDECK
+ KORN
SCHUSS/PILSSCHUSS SAARLAND
+ COLA
ALSTER/ALSTERWASSER
+ ORANGENLIMONADE RUHRGEBIET/RHEINLAND
+ ZITRONENLIMONADE NORDDEUTSCHLAND
BMW (=BIER-MIT-WASSER) MÜNSTERLAND
+ MINERALWASSER
MONACO
+ GRENADINE
SCHWARZE/HIRSCHMASS/BUMPER BAYERN
+ COLA + KIRSCHLIKÖR/COGNAC
LATERNMASS
+ ZITRONENLIMONADE + KIRSCHLIKÖR
GOASS(N)MASS/GOISSAMASS/KURZ GOASS BAYERN
+ COLA + KIRSCHLIKÖR/COGNAC
RADLER
+ LIMONADE
DIESEL DEUTSCHLAND // COLABIER/MOORWASSER/KREFELDER EMSLAND//
SCHMUTZ, SCHMUTZIGES OSTWESTFALEN // DRECKIGES BIER/GESTREIFTES/
GESPRITZTES SAARLAND // DRECKSACK RHEINLAND // COLAWEIZEN NIEDERBAYERN
+ COLA
FRUCHTWEIZEN
+ OBSTSAFT/FRUCHTNEKTAR
RUSS/RUSSNMASS BAYERN
+ ZITRONENLIMONADE
WEIZENRADLER
+ ZITRONENLIMONADE
FLIEGENDER HIRSCH
+ KRÄUTERLIKÖR/MAGENBITTER
ENERGYWEIZEN
+ ENERGY-DRINK
HELLER MORITZ
+ WEISSBIER + SEKT + ZITRONENSCHEIBE
ISARMASS DEUTSCHLAND // SCHLUMPFENKACKE RAUM STEINHEIM
+ FRUCHTSAFT (ORANGEN-/APFELSAFT) + BLUE CURAÇAO
BOCKBIERBOWLE
+ FRUCHTSIRUP + HIMBEEREN + ERDBEEREN
LADYS BEER
+ RUM + KIRSCHSAFT (+ SAHNE)
TAWARISCH
+ ZITRONENSAFT + WODKA
UNTERGÄRIG
HEFE
BIERMISCHGETRÄNKE
SPEZIFISCHE VERBREITUNG DES SPITZNAMENS
STAMMWÜRZEGEHALT IN %

Voller Durchblick

Brillenarten im Detail

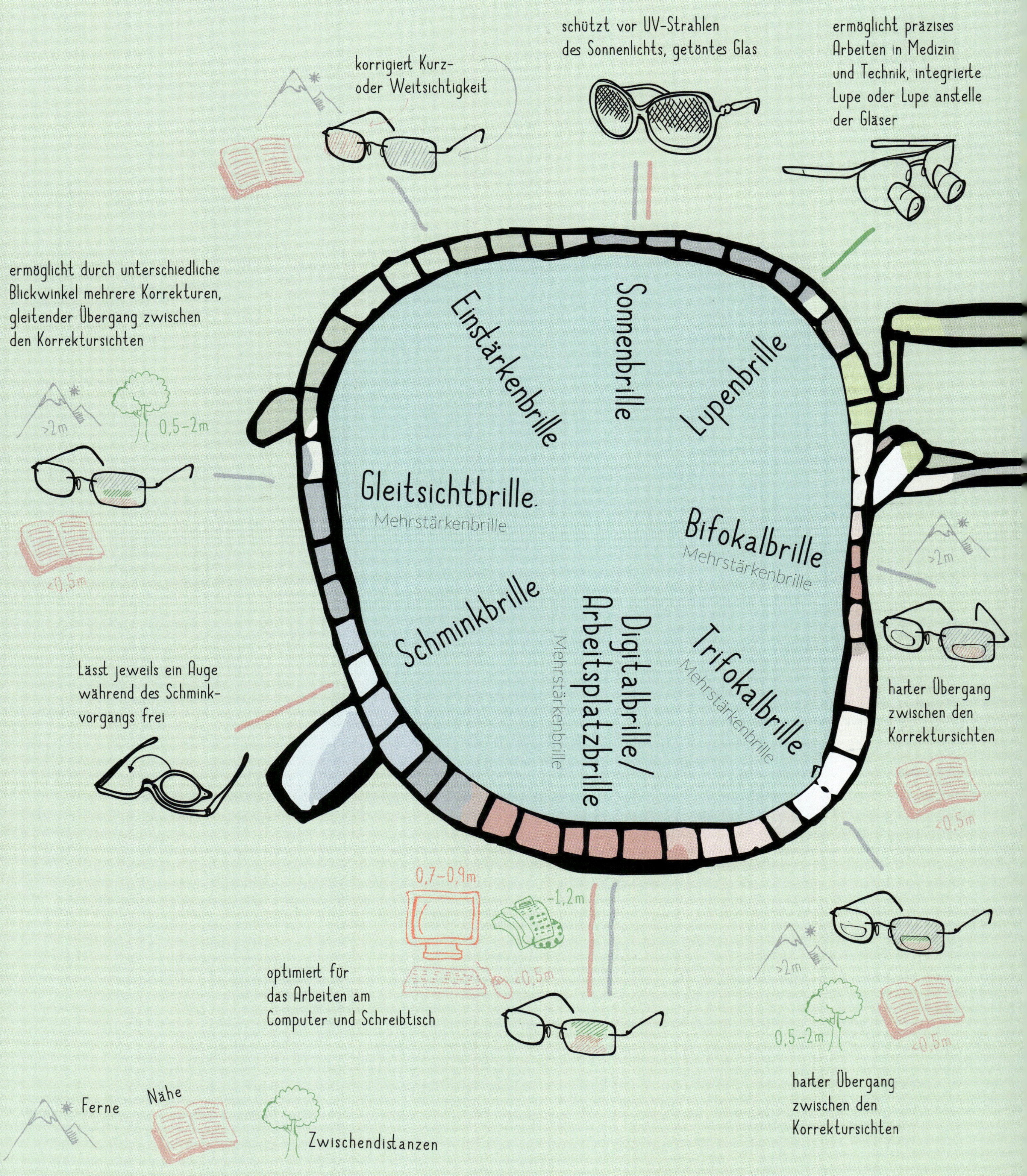

In Deutschland sind mehr als die Hälfte aller Menschen auf eine Sehhilfe angewiesen, nämlich rund 65% der Bevölkerung. Diese Zahl umfasst auch diejenigen, die die Brille nur für bestimmte Aktivitäten wie Lesen oder Autofahren benötigen. Wohl nicht zuletzt weil Frauen häufiger eine Brille tragen als Männer, gibt es mittlerweile unzählige Ausführungen, die natürlich auch den aktuellen Modetrends unterworfen sind. Bei der Frage, welche Art von Gestell man wählen sollte, sollte man aber vor allem die eigene Gesichtsform beachten: Bei einem eckigen Gesicht hilft eine runde, weiche Form, die Züge zu harmonisieren, bei einem runden entsprechend eher eine eckige bzw. gerade Form. Das herzförmige Gesicht wirkt besonders gut in Kombination mit weichen, gebogenen Linien. Für ein Gesicht in Trapezform sollte man ein Gestell wählen, das im oberen Bereich auffälliger ist als im unteren, also z.B. eine randlose Brille. Und wie auch bei der Frisur ist das ovale Gesicht das Ideal: An ihm sieht jede Brille gut aus.

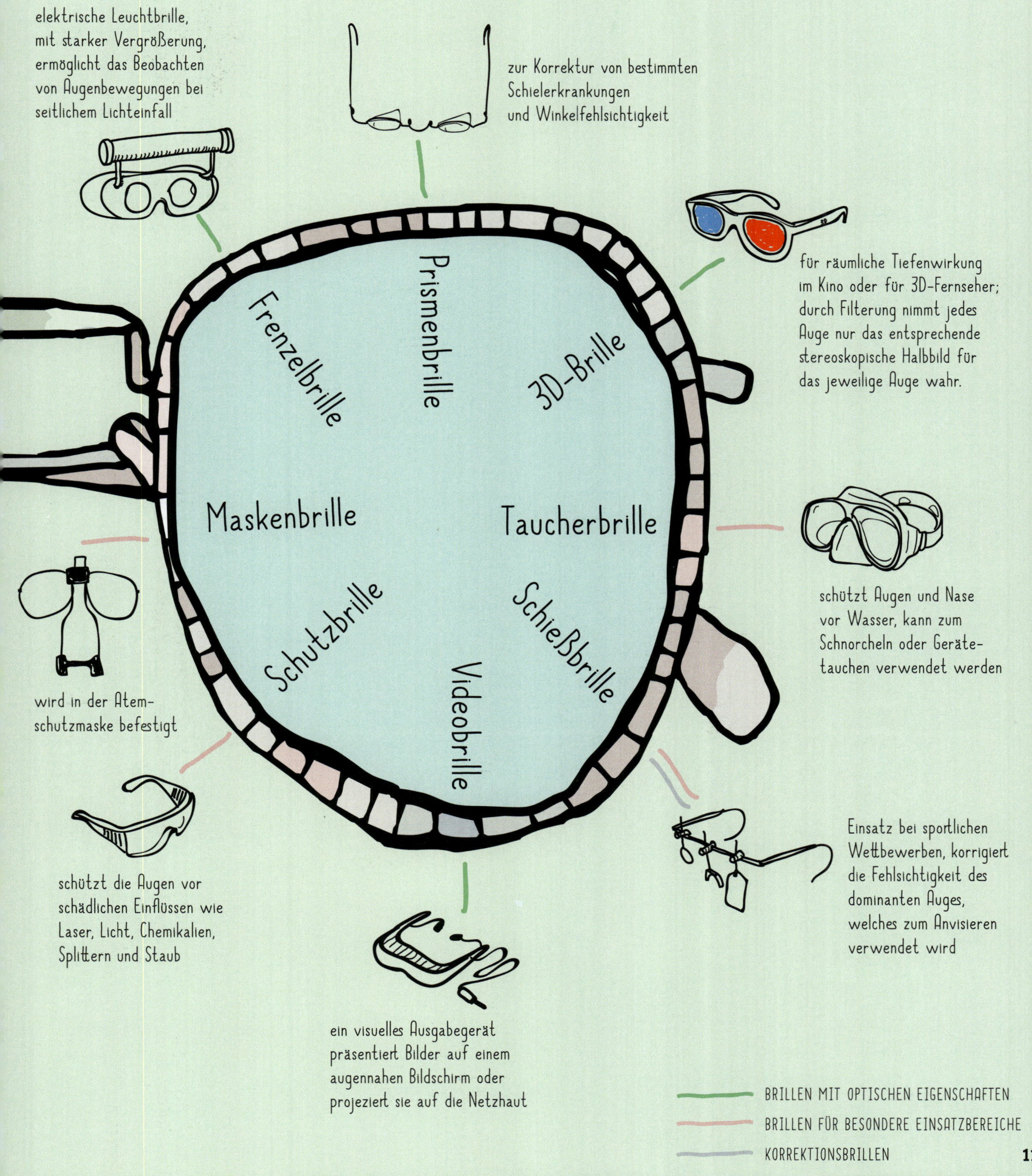

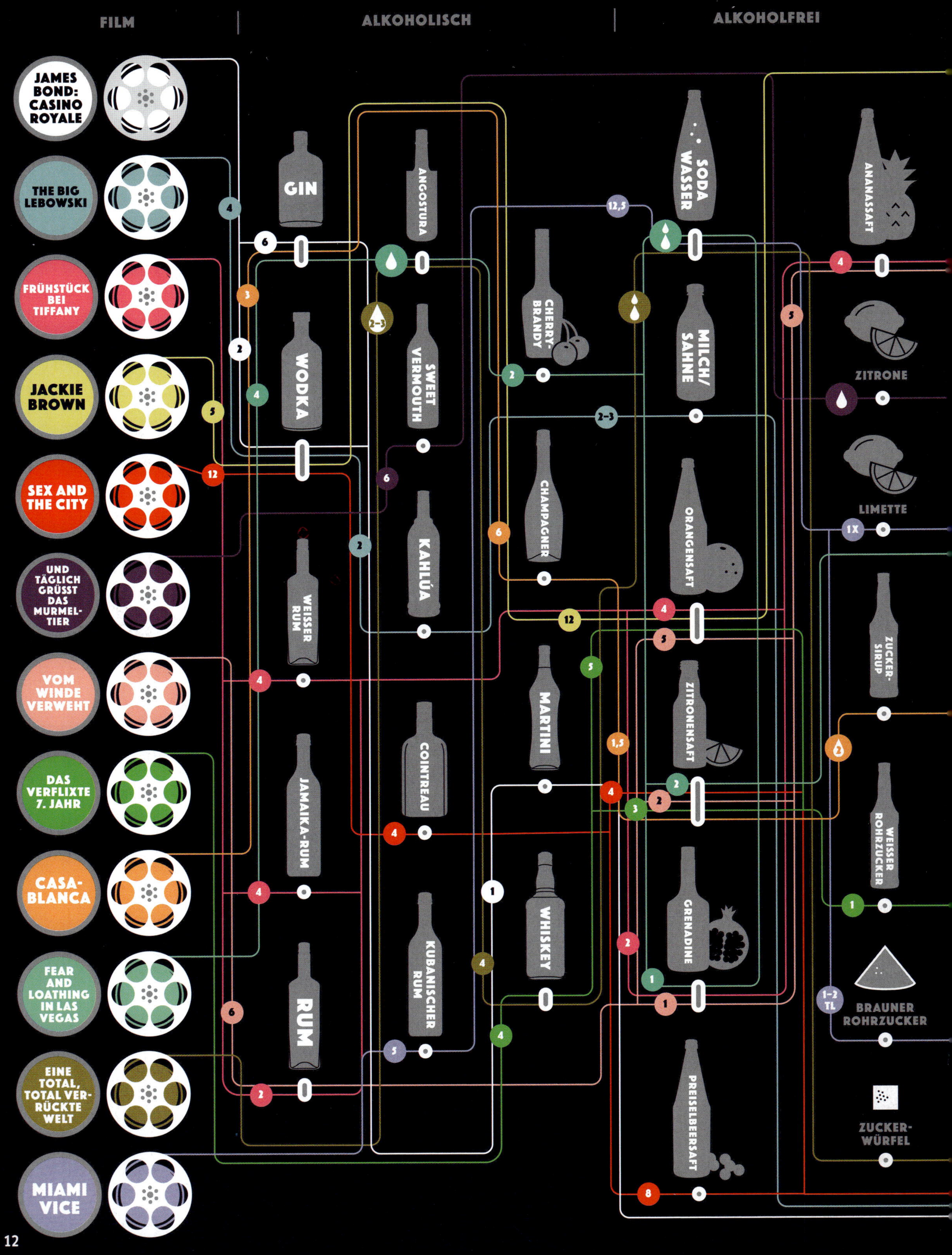
FILM
ALKOHOLISCH
ALKOHOLFREI
JAMES BOND: CASINO ROYALE
THE BIG LEBOWSKI
FRÜHSTÜCK BEI TIFFANY
JACKIE BROWN
SEX AND THE CITY
UND TÄGLICH GRÜSST DAS MURMELTIER
VOM WINDE VERWEHT
DAS VERFLIXTE 7. JAHR
CASABLANCA
FEAR AND LOATHING IN LAS VEGAS
EINE TOTAL, TOTAL VERRÜCKTE WELT
MIAMI VICE
GIN
ANGOSTURA
WODKA
SWEET VERMOUTH
WEISSER RUM
KAHLÚA
JAMAIKA-RUM
COINTREAU
RUM
KUBANISCHER RUM
CHERRY-BRANDY
CHAMPAGNER
MARTINI
WHISKEY
SODA WASSER
MILCH/SAHNE
ORANGENSAFT
ZITRONENSAFT
GRENADINE
PREISELBEERSAFT
ANANASSAFT
ZITRONE
LIMETTE
ZUCKERSIRUP
WEISSER ROHRZUCKER
BRAUNER ROHRZUCKER
ZUCKERWÜRFEL

GESCHÜTTELT, NICHT GERÜHRT

COCKTAILS UND IHRE FILMGESCHICHTEN

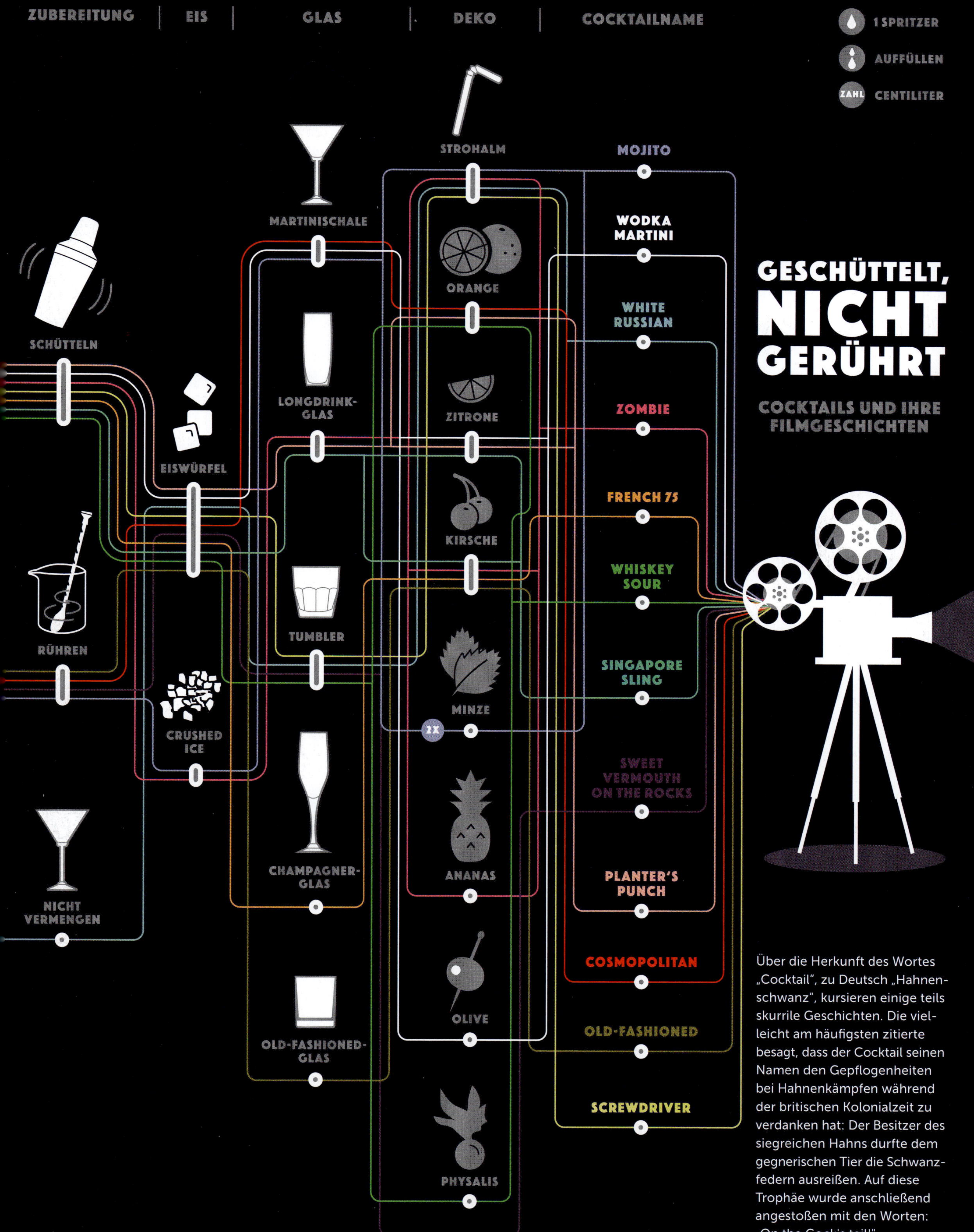

Über die Herkunft des Wortes „Cocktail", zu Deutsch „Hahnenschwanz", kursieren einige teils skurrile Geschichten. Die vielleicht am häufigsten zitierte besagt, dass der Cocktail seinen Namen den Gepflogenheiten bei Hahnenkämpfen während der britischen Kolonialzeit zu verdanken hat: Der Besitzer des siegreichen Hahns durfte dem gegnerischen Tier die Schwanzfedern ausreißen. Auf diese Trophäe wurde anschließend angestoßen mit den Worten: „On the Cock's tail!"

Gesund, gesünder, Detox

Entgiftung und Entschlackung auf vielfältige Weise

* = nachhaltige Veränderung der Ernährungsgewohnheiten und des Lebensstils

Detox heißt der Trend, der aus den USA zu uns kam und auf eine besondere Ernährung setzt, die helfen soll, unseren Körper von Giftstoffen zu befreien – „entgiften" eben. Meist wird dabei gefastet, oder man nimmt nur Obst und Gemüse in Form von Smoothies zu sich. Doch die Methode des Entschlackens und Reinigens des Körpers ist weit älter als dieser Trend, und weltweit finden sich verschiedene Ansätze mit unterschiedlichen Elementen, die in Zeiten der Achtsamkeitsbewegung mehr Gehör finden denn je. Welche das sind, zeigt die Grafik.

ALLES IM GLEICHGEWICHT

Diät-Trends im Überblick

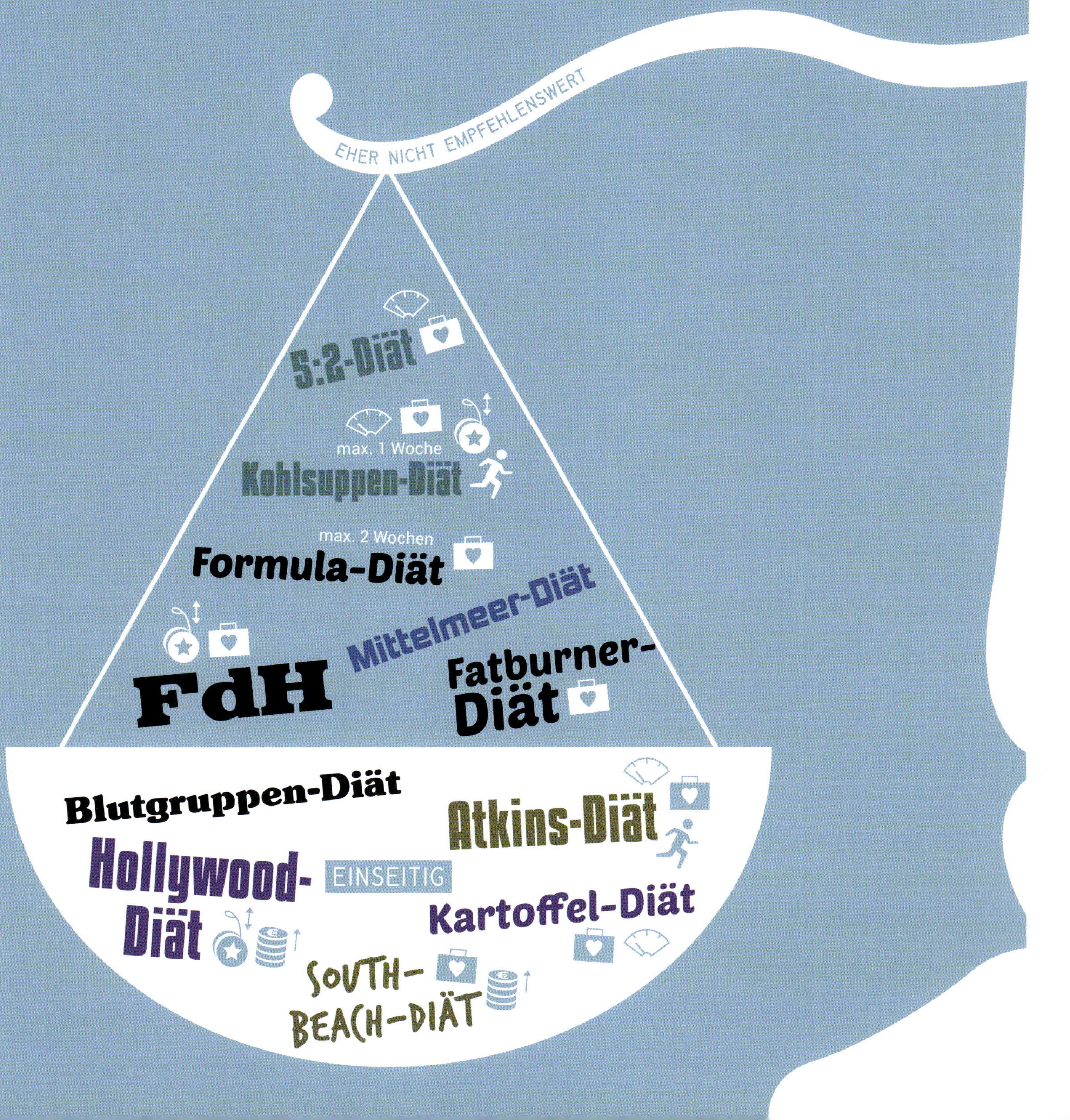

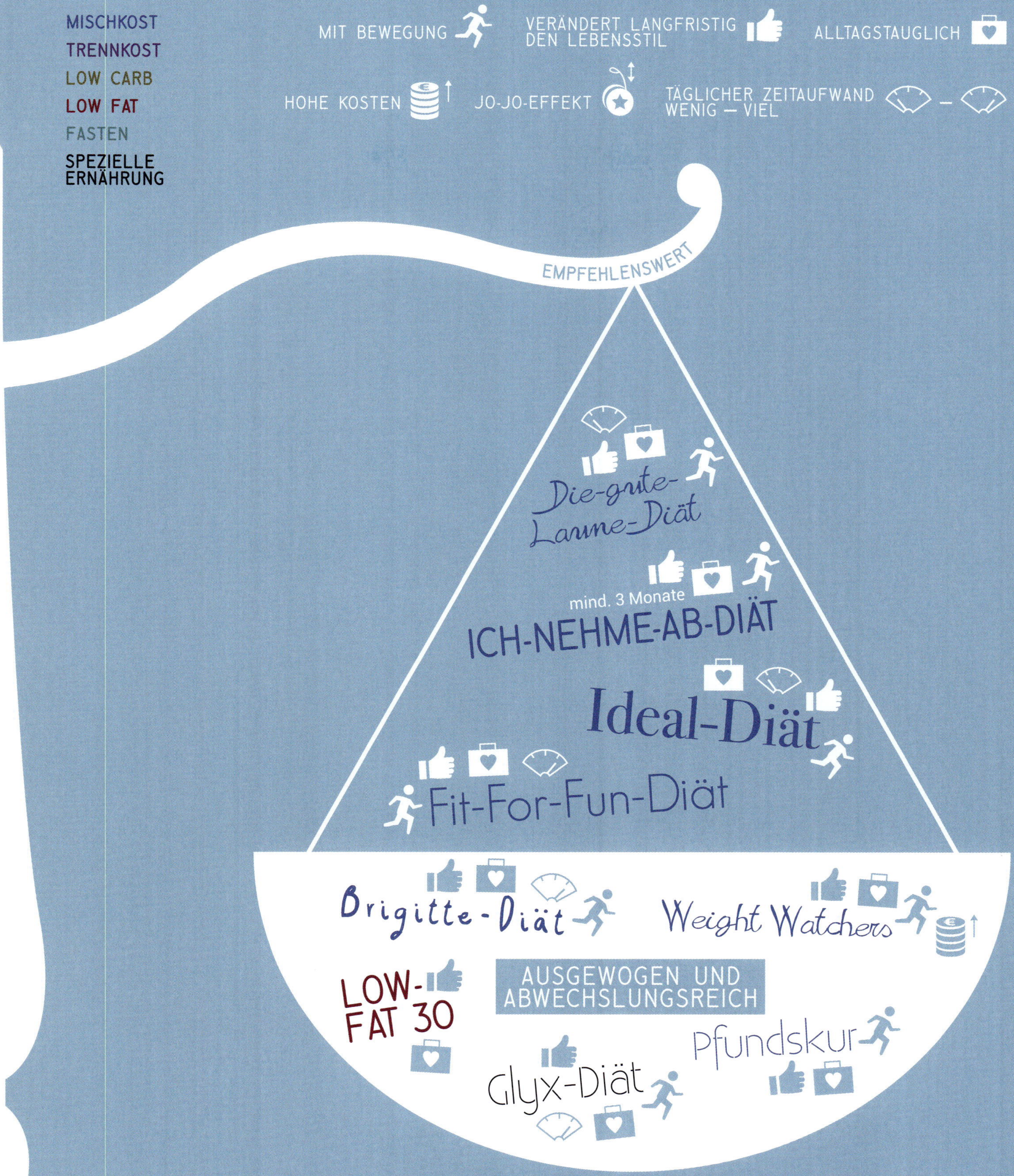

Die meisten Diätkonzepte beruhen darauf, dass sie einen der drei wesentlichen Nährstoffe – Eiweiß, Fett oder Kohlenhydrate – reduzieren. Dabei sollte keiner der drei gänzlich ins Abseits geraten, da der Körper alle zum Leben braucht. Auch sollten Personen, die eine Diät machen, pro Tag mindestens 1200 Kilokalorien zu sich nehmen – alles andere wird zur Hungerkur. Ein seriöses Diätkonzept umfasst drei Säulen: einen guten Ernährungsplan, einen guten Bewegungsplan sowie eine Anleitung, den eigenen Lebensstil aktiv zu verändern.

V€RPULVERT!

Große Ereignisse* im Leben *(fast)* jedes Menschen

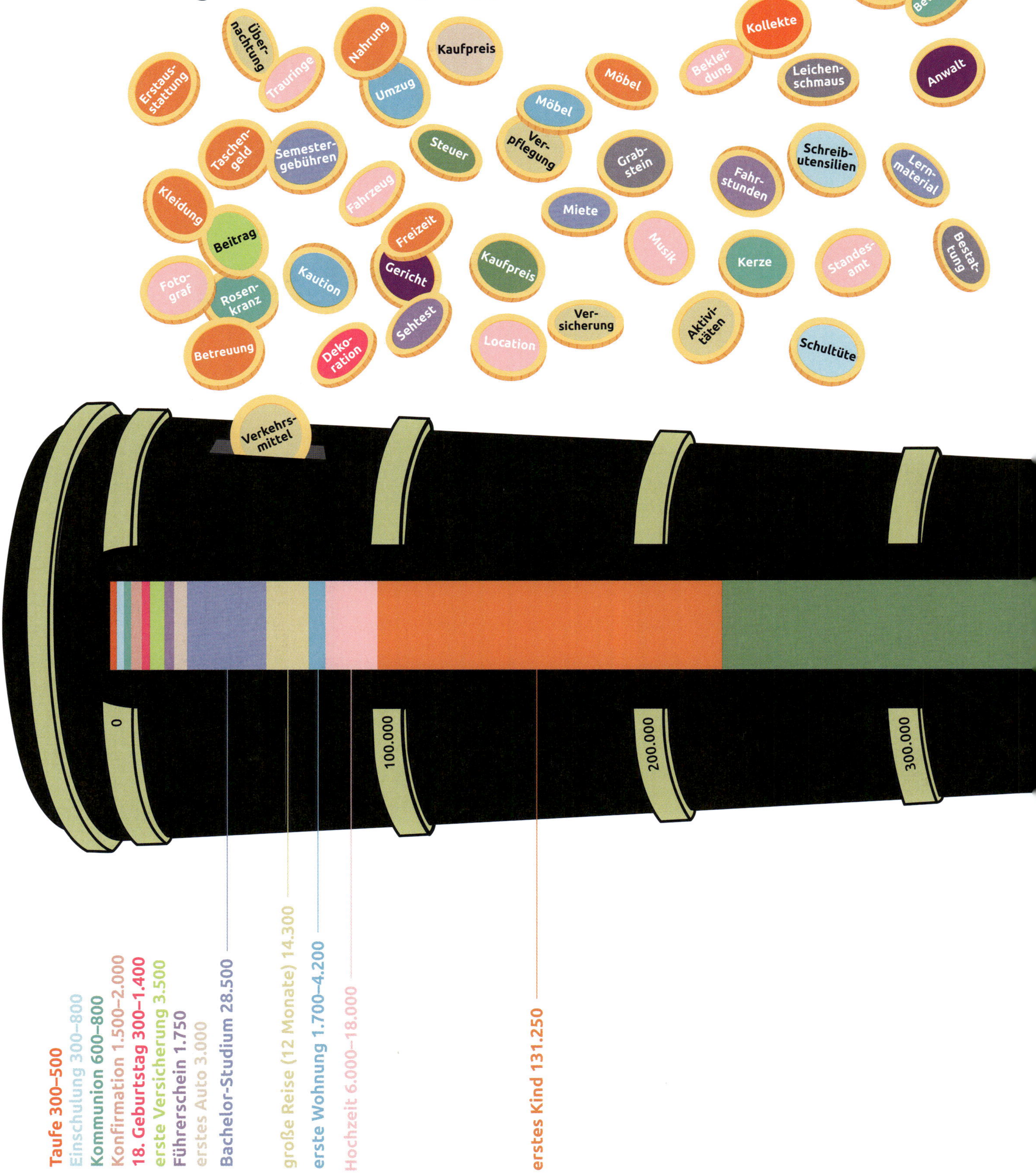

Ganz schön teuer, so ein ganzes Leben! Natürlich variiert der Wert, der am Ende "verpulvert" wurde, je nach persönlichen Verhältnissen, Lebensstandard, Einkommenssituation usw. In jedem Fall jedoch ist Bildung ganz entscheidend dafür, wie viel Pulver man sich überhaupt leisten könnte: Wer keine Ausbildung hat, verdient bis zum Ende seines Erwerbslebens durchschnittlich 1.083.000 Euro, mit Ausbildung sind es 1.325.000 Euro. Ein höherer Schulabschluss und ein entsprechender Beruf resultieren im Durchschnitt in 1.561.000 Euro, und mit einem Fachhochschulabschluss bringt man es durchschnittlich auf rund 2.002.000 Euro. Und wer studiert hat und eine Hochschule abgeschlossen hat, hat am Ende seines (Erwerbs-)Lebens durchschnittlich 2.320.000 Euro als Kanonenfutter. Fleiß wird also doch belohnt!

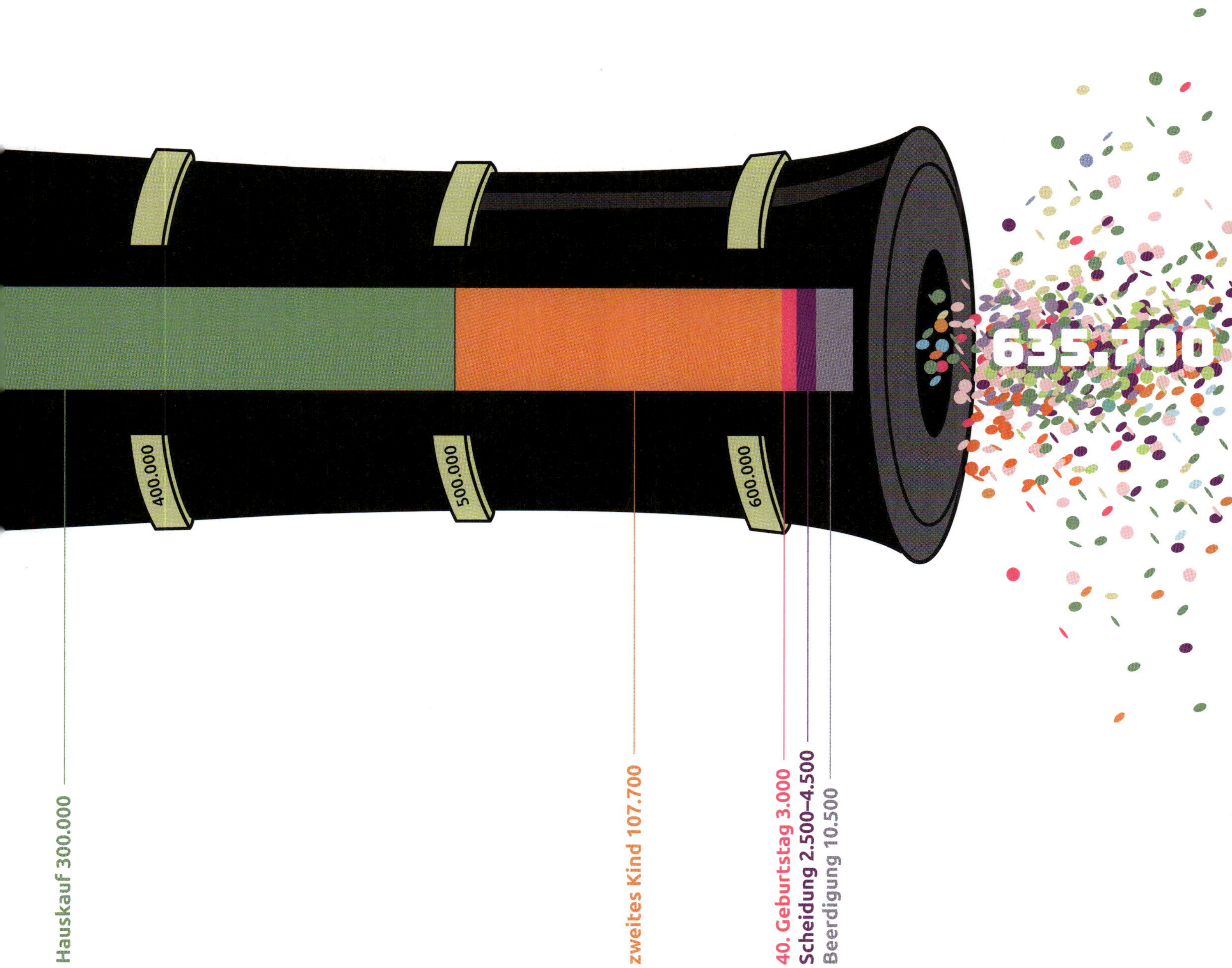

* und ihre durchschnittlichen Kosten in Euro

Akku voll

ENERGIESPAREN IM HAUSHALT

- ⚡ = Strom
- 💧 = Warmwasser

STROM SPAREN

BELEUCHTEN
- Abschaltautomatik in Flur oder Treppenhaus installieren
- Energiesparlampen einsetzen
- Tageslicht nutzen

SURFEN & ARBEITEN
- Steckerleiste mit Schalter verwenden, nach Nutzung ausschalten
- Monitor & PC in Pausen ausschalten oder in Ruhezustand versetzen

WASCHEN
- Geräte mit Energieeffizienzklasse A+++ verwenden
- nur volle Maschinen waschen
- Maschine an den Haus-Warmwasseranschluss anschließen

KÜHLEN & GEFRIEREN
- Geräte mit Energieeffizienzklasse A+++ verwenden
- Kühlschrank nicht neben Wärmequellen wie Heizung, Herd, Geschirrspüler stellen
- Kühlschrank regelmäßig abtauen

STAND-BY-VERLUSTE
- ungenutzte Elektrogeräte komplett ausschalten
- Ladegeräte immer vom Netz trennen
- Steckerleiste mit Schalter verwenden

KOCHEN
- mit Deckel kochen
- Induktionskochfeld
- Topf auf die passende Platte stellen

EFFEKTIV HEIZEN & LÜFTEN
- nach dem Kochen und Duschen direkt lüften
- Wäsche im Freien trocknen
- Räume nicht zu stark auskühlen lassen
- Türen zu Bad und Küche geschlossen halten
- nicht auf Kipp lüften, sondern stoßlüften

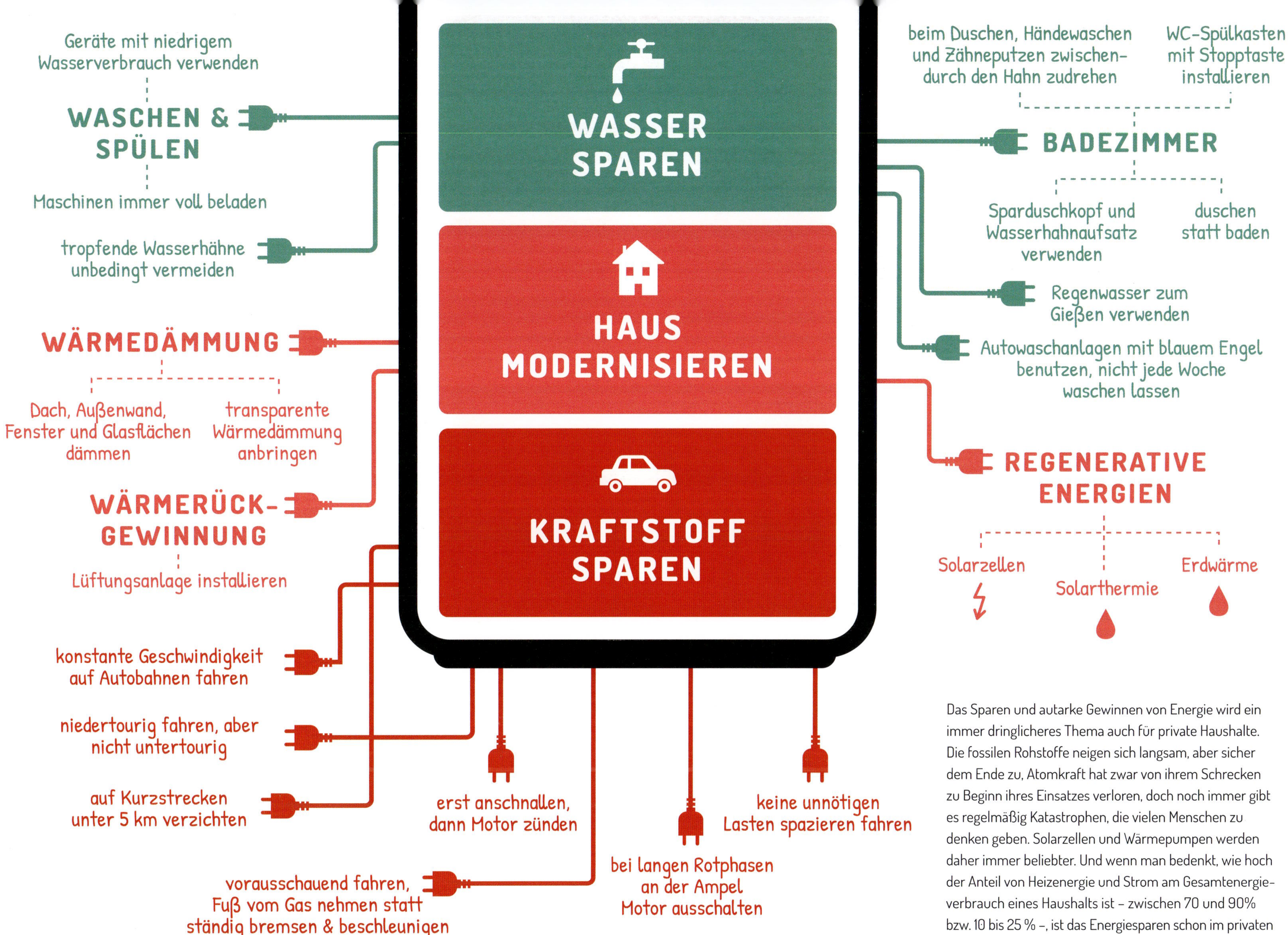

Das Sparen und autarke Gewinnen von Energie wird ein immer dringlicheres Thema auch für private Haushalte. Die fossilen Rohstoffe neigen sich langsam, aber sicher dem Ende zu, Atomkraft hat zwar von ihrem Schrecken zu Beginn ihres Einsatzes verloren, doch noch immer gibt es regelmäßig Katastrophen, die vielen Menschen zu denken geben. Solarzellen und Wärmepumpen werden daher immer beliebter. Und wenn man bedenkt, wie hoch der Anteil von Heizenergie und Strom am Gesamtenergieverbrauch eines Haushalts ist – zwischen 70 und 90% bzw. 10 bis 25 % –, ist das Energiesparen schon im privaten Bereich ein gewaltiger Schritt in die richtige Richtung.

Hier spielt die Musik

Erste Plätze beim Eurovision Song Contest

Der ESC, bis 2001 „Grand Prix Eurovision de la Chanson“, wird seit 1956 von der Europäischen Rundfunkunion (EBU) veranstaltet. Das aktuelle Regelwerk besagt:

- Der ESC findet in dem Land statt, das ihn im Vorjahr gewonnen hat.
- Das Mindestalter der Sänger liegt bei 16 Jahren und jeder Sänger darf pro Jahr nur für ein Land ins Rennen gehen.
- Bei Bands dürfen nicht mehr als sechs Personen auf der Bühne stehen, Tiere sind verboten.
- Die Sprache, in der gesungen wird, ist frei wählbar (bis 1998 musste es die Landessprache sein).
- Es muss live gesungen werden, nur die Instrumental-Musik ist ein Playback.
- Es dürfen keine Coverversionen zum Besten gegeben werden.
- Das Lied darf nicht länger als drei Minuten dauern, politisch sein und den ESC verunglimpfen.
- Das Lied darf frühestens am 1.9. des Wettbewerbs-Jahrs erstmals veröffentlicht werden.

Israel 3 39 1978 | 1979 | 1998

1 A-ba-ni-bi – Izhar Cohen
2 Hallelujah – Gali Atari & Milk and Honey
3 Diva – Dana International

Norwegen 3 55 1985 | 1995 | 2009

1 La det swinge – Bobbysocks
2 Nocturne – Secret Garden
3 Fairytale – Alexander Rybak

Frankreich 5 60 1958 | 1960 | 1962 | 1969 | 1977

1 Dors, mon amour – André Claveau
2 Tom Pillibi – Jacqueline Boyer
3 Un premier amour – Isabelle Aubret
4 Un jour, un enfant – Frida Boccara
5 L'oiseau et l'enfant – Marie Myriam

Luxemburg 5 38 1961 | 1965 | 1972 | 1973 | 1983

1 Nous les amoureux – Jean-Claude Pascal
2 Poupée de cire, poupée de son – France Gall
3 Après toi – Vicky Leandros
4 Tu te reconnaîtras – Anne-Marie David
5 Si la vie est cadeau – Corinne Hermès

Großbritannien 5 59 1967 | 1969 | 1976 | 1981 | 1997

1 Puppet on a string – Sandie Shaw
2 Boom Bang-a-Bang – Lulu
3 Save your kisses for me – Brotherhood of Man
4 Making your mind up – Bucks Fizz
5 Love shine a light – Katrina & The Waves

Niederlande 4 58 1957 | 1959 | 1969 | 1975

1 Net als toen – Corry Brokken
2 Een beetje – Teddy Scholten
3 De troubadour – Lenny Kuhr
4 Ding-a-dong – Teach-In

Dänemark 3 45 1963 | 2000 | 2013

1 Dansevise – Grethe & Jørgen Ingmann
2 Fly on the wings of love – Olsen Brothers
3 Only teardrops – Emmelie de Forest

Irland 7 50 1970 | 1980 | 1987 | 1992 | 1993 | 1994 | 1996
Schweden 6 56 1974 | 1984 | 1991 | 1999 | 2012 | 2015
Russland 1 20 2008
Jugoslawien 1 27 1989
Finnland 1 50 2006
Belgien 1 59 1986
Estland 1 22 2001
Lettland 1 17 2002
Türkei 1 34 2003
Monaco 1 24 1971
Serbien 1 9 2007
Aserbaidschan 1 9 2011
Griechenland 1 37 2005
Österreich 2 49 1966 | 2014
Spanien 2 56 1968 | 1969
Italien 2 43 1964 | 1990
Ukraine 2 13 2004 | 2016
Deutschland 2 61 1982 | 2010
Schweiz 2 58 1956 | 1988
Everyway that I can
Sertab Erener
Ein bisschen Frieden
Nicole
Satellite
Lena
Refrain
Lys Assia
Non ho l'età (per amarti)
Gigliola Cinquetti
Ne partez pas sans moi
Céline Dion
Insieme 1992
Toto Cutugno
Molitva
Marija Serifovic
I wanna
Marie N
Un banc, un arbre, une rue
Séverine
All kinds of everything
Dana
What's another year
Johnny Logan
Why me?
Linda Martin
Hold me now
Johnny Logan
In your eyes
Niamh Kavanagh
Rock'n'roll kids
Paul Harrington & Charlie McGettigan
The voice
Eimear Quinn
Wild dances
Ruslana Lyzhichko
1944
Jamala
Waterloo
ABBA
Diggi-Loo Diggi-Ley
Herreys
Take me to your heaven
Charlotte Perrelli
Heroes
Måns Zelmerlöw
My number one
Helena Paparizou
Rock me
Riva
Believe
Dima Bilan
J'aime la vie
Sandra Kim
La La La
Massiel
Vivo cantando
Salomé
Fångad av en stromvind
Carola
Euphoria
Loreen
Running scared
Ell & Nikki
Hard Rock Hallelujah
Lordi
Everybody
Tanel Padar, Dave Benton & 2XL
Merci Chérie
Udo Jürgens
Rise like a phoenix
Conchita Wurst
Songtitel
Interpret
Land
= 1. Plätze
Teilnahme insgesamt
Jahr
1969 gab es aufgrund des Punktegleichstands 4 Sieger

Die Farben der Saison

Die Merkmale und Farbpaletten der vier Farbtypen

warmtonig

Merkmale

Hauttyp:
gedeckt, warm, gold-rosig

Haare:
rotbraun, rot, mittel- bis dunkelblond, goldener Schimmer, Honigton

Teint:
zart, bräunt schlecht, schnell entsteht Sonnenbrand, Sommersprossen können vorkommen

Merkmale

Hauttyp:
warm, gold-rosig

Haarfarbe:
hell, goldene bis rötliche Reflexe

Teint:
zart, bräunt schlecht, Sommersprossen können vorkommen

Die Hautfarbe eines Menschen variiert stark von Individuum zu Individuum, doch in der Farb- und Stilberatung hat man sich auf zwei Haupt-Varianten begrenzt, die zusammen so gut wie alle Nuancen umfassen: Die warmtonigen Hautfarben beinhalten gelblich unterlegte sowie die sehr selten vorkommenden rötlich unterlegten Hautfarben. Als kalttonig werden im Gegensatz dazu die bläulich unterlegten Hauttöne bezeichnet. Außerdem spielen die Intensität und der Lichtwert des jeweiligen Farbtons eine Rolle bei der professionellen Einteilung.

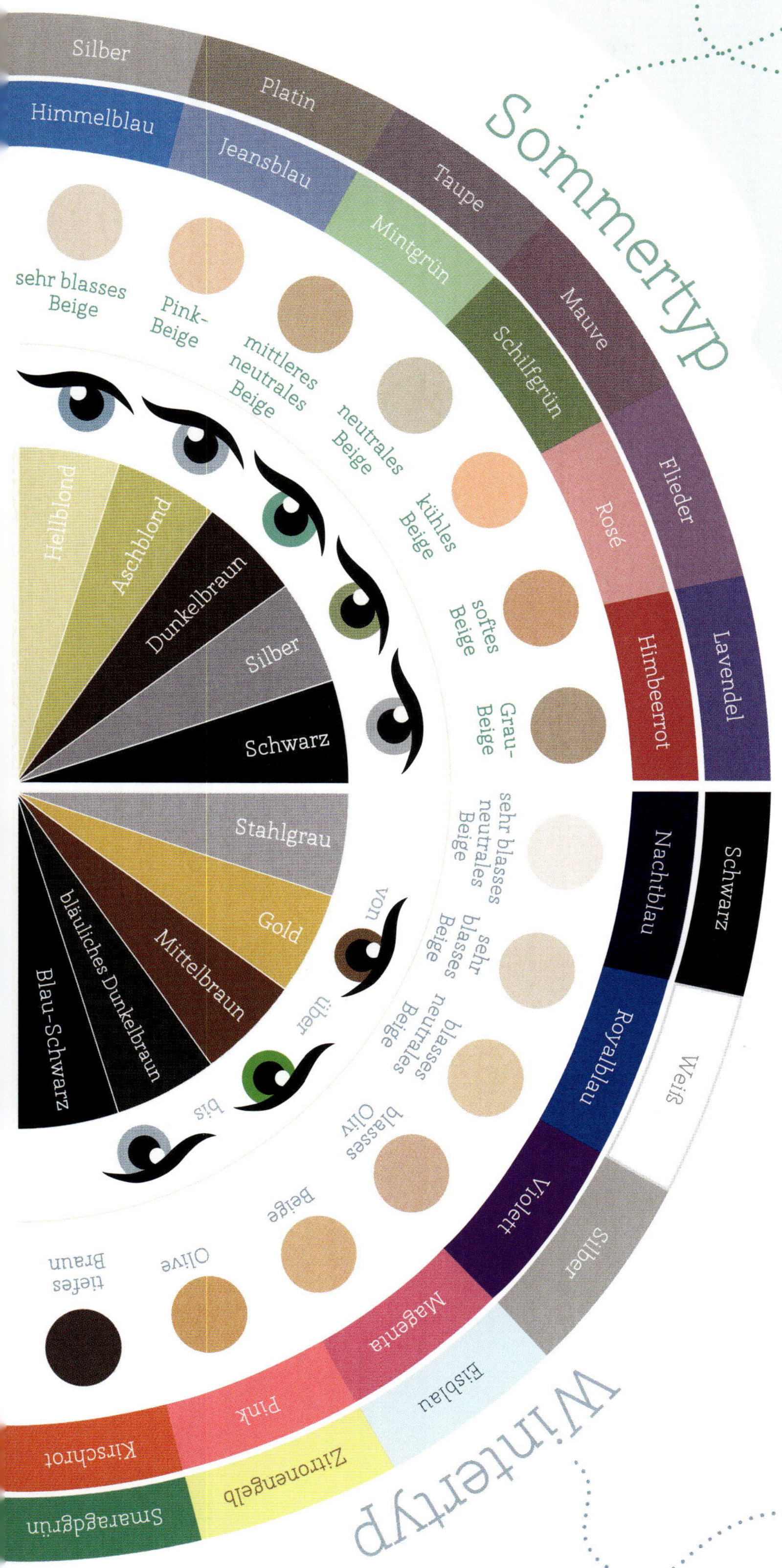

Merkmale

Hauttyp:
blass, kühl, bläulich-rosig

Haarfarbe:
aschige Reflexe

Teint:
selten braun, graue oder braune Sommersprossen, schnell entsteht Sonnenbrand

kalttonig

Merkmale

Hauttyp:
kühl, bläulich-olivfarben

Haarfarbe:
hell bis dunkel

Teint:
von sehr schnell bräunend bis gar nicht bräunend

Haarfarbe

Hauttyp

Augenfarbe

Empfohlene Farbe für Kleidung, Make-up etc.

LÄUFT!

Rund ums Fahrrad

Das Zweiradprinzip war die erste Alternative, die die Menschen hatten, um ohne Pferd von A nach B zu kommen. Es kam in Gestalt eines Laufrads, der sogenannten Draisine, und wurde im Jahre 1817 vom großherzoglich-badischen Karl Freiherr von Drais erfunden. Der Fahrer saß dabei auf einem gepolsterten Holzbalken, an dem vorne und hinten die beiden Räder befestigt waren, und berührte mit beiden Beinen den Boden. Das Vorderrad konnte man lenken, auch bremsen war möglich. Die 14 Kilometer lange Jungfernfahrt mit seinem Gefährt, von seinem Wohnhaus in der Nähe des Mannheimer Schlosses zum damaligen Schwetzinger Relaishaus im heutigen Stadtteil Rheinau, bewältigte der Erfinder in weniger als einer Stunde – damit war er mit circa 15 km/h unterwegs. Dieses Tempo gilt heute als Schrittgeschwindigkeit

- keine Bremse
- keine Gangschaltung
- Reifenbreite
- auch als E-Bike
- Sport⁺
- 3-rädrig
- 2- bis 3-rädrig
- 2- bis 4-rädrig
- 3- bis 4-rädrig
- für mehr als eine Person
- Vorderlader
- Hinterlader
- Gepäckträger vorne
- Gepäckträger hinten

Sesselrad/Scooterbike
Handbike
Liegefahrrad
Bauchlieger
Klapp-/Faltrad
ConferenceBike
Reha-Fahrrad
SPEZIAL
Tandem
Einrad
Fixie
Rikscha
Kindertransportrad
Postrad
Long John
Longtail
CRUISEN
(Beach-)Cruiser
Lowrider
Chopper
Bonanza-Rad

Die Regen-MACHER

Feuchtigkeitsfallen im Haushalt

\+ Luftwäscher

\+ Verdampfer

\+ falsches Heizen

tagsüber die Heizung zu stark herunterdrehen und den Raum kalt werden lassen – abends die Wohnung aufheizen

\+ Wäsche in der Wohnung trocknen

\+ Wäsche waschen

\+ Bügeln

\+ Geschirrspülen mit der Hand

\+ Terrarium oder offenes Aquarium

\+ Zimmerpflanzen

\+ Kochen

Je Kochvorgang = 2 Std.

\- richtig Lüften

Stoßlüften im Winter 3–5x täglich 5–10 min, im Sommer am frühen Morgen und am späten Abend bis zu 25 min

\- Dunstabzugshaube

\- Salz

Schüsseln mit Haushaltssalz (ca. 4 cm hoch) füllen und im Raum verteilen, das Salz zieht die Feuchtigkeit an

Zuviel Feuchtigkeit in der Luft kann Schimmel verursachen und uns krank machen, zu wenig ist aber auch nicht gesund. Das optimale Raumklima hat man erreicht, wenn die Luftfeuchtigkeit bei 40 bis 50 % liegt. Ein Feuchtigkeitsmesser hilft dabei, den Wert in der eigenen Wohnung zu ermitteln. Vor allem bei sehr gut isolierten Häusern ist der Feuchtigkeitsgehalt in der Luft häufig zu hoch. Hier hilft vor allem eins: lüften, lüften, lüften – aber richtig!

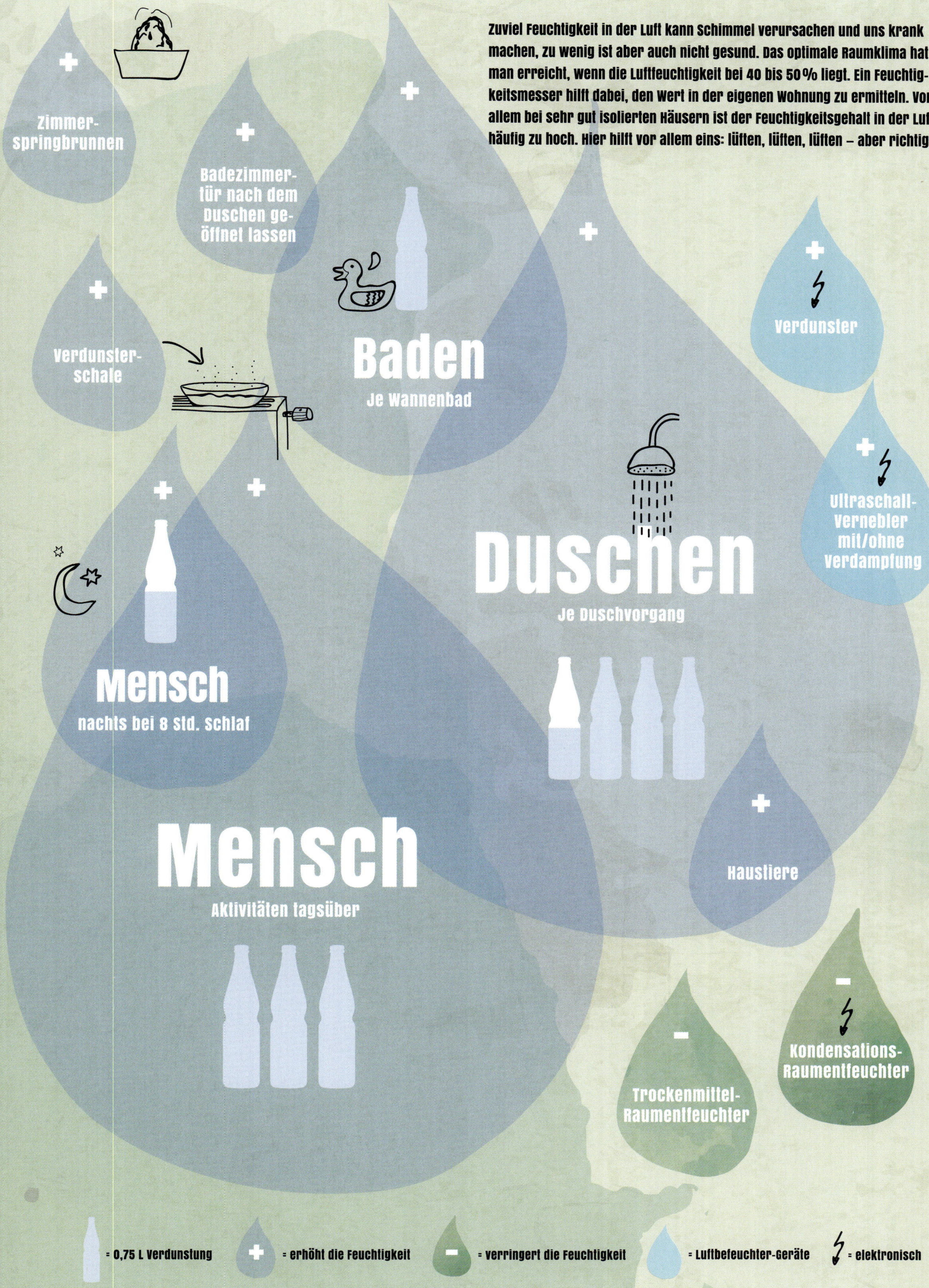

Proportional perfekt

DIE BESTEN OUTFITS FÜR DIE FÜNF FIGURTYPEN

Figurtypen

A-TYP	H-TYP	O-TYP	V-TYP	X-TYP
BIRNE	RÖHRE	APFEL	COCKTAIL	SANDUHR

DOs

Es gibt eine wissenschaftliche Formel, nach der sich die ideale Figur berechnen lässt – die ist jedoch unglaublich kompliziert. Wesentlich einfacher zu merken ist da, dass es so etwas gibt wie den Halo-Effekt. Dieser bezeichnet das Phänomen, dass wir das Aussehen unserer Mitmenschen attraktiver bewerten, sobald wir ihre Charaktereigenschaften als positiv wahrnehmen. Ein paar Kilos mehr oder weniger fallen dann plötzlich gar nicht mehr ins Gewicht. Danke, Halo!

DON'Ts

AUSGEZOGEN, UNS ZU ERNÄHREN

Fleisch und Wurst im Detail

Über 7 Prozent aller geschlachteten Tiere werden weggeworfen – natürlich nicht am Stück, sondern in Teilen: Längst wird nicht mehr alles vom Tier verzehrt, was verzehrbar wäre (wie Innereien), und ein großer Teil Fleisch landet zudem verdorben im Müll. Die hier angegebenen Zahlen lassen also schnell ermitteln, wie vielen Tieren man allein durch die Erweiterung seines Speiseplans und das Einkaufen realistischer Fleischmengen das Leben retten könnte.

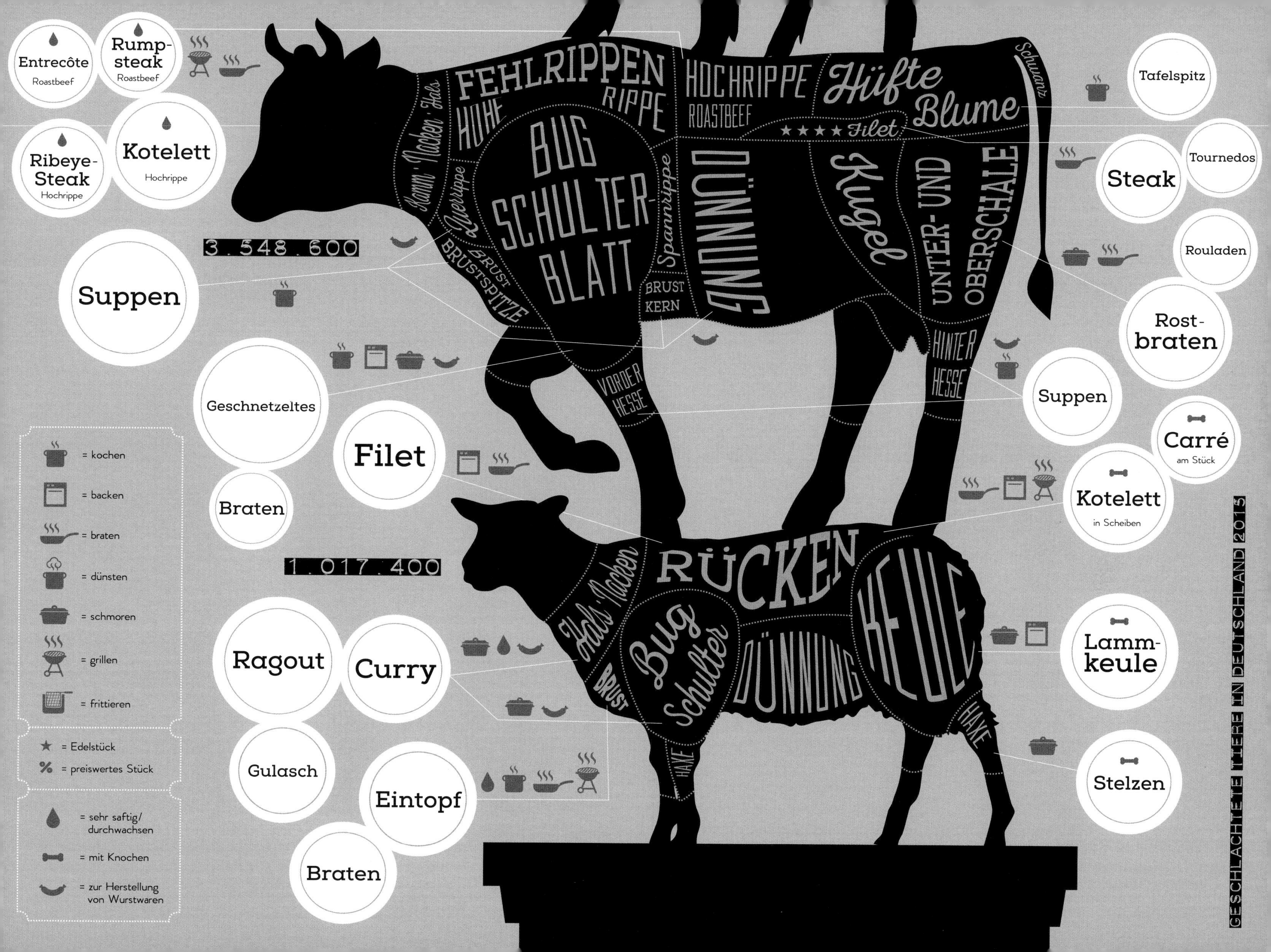

GESCHLACHTETE TIERE IN DEUTSCHLAND 2015
3.548.600
1.017.400
Entrecôte
Roastbeef
Rump-steak
Roastbeef
Ribeye-Steak
Hochrippe
Kotelett
Hochrippe
Suppen
Geschnetzeltes
Braten
Filet
Ragout
Curry
Gulasch
Eintopf
Braten
Tafelspitz
Tournedos
Steak
Rouladen
Rost-braten
Suppen
Carré
am Stück
Kotelett
in Scheiben
Lamm-keule
Stelzen
FEHLRIPPEN
HOHE RIPPE
HOCHRIPPE
ROASTBEEF
Hüfte
Blume
Schwanz
★★★★ Filet
Kamm · Nacken · Hals
Querrippe
BRUST
BRUSTSPITZE
BUG SCHULTER-BLATT
Spannrippe
BRUST KERN
DÜNNUNG
Kugel
UNTER- UND OBERSCHALE
HINTER HESSE
VORDER HESSE
RÜCKEN
KEULE
Hals · Nacken
Bug Schulter
BRUST
DÜNNUNG
HAXE
HAXE
= kochen
= backen
= braten
= dünsten
= schmoren
= grillen
= frittieren
★ = Edelstück
% = preiswertes Stück
= sehr saftig/ durchwachsen
= mit Knochen
= zur Herstellung von Wurstwaren

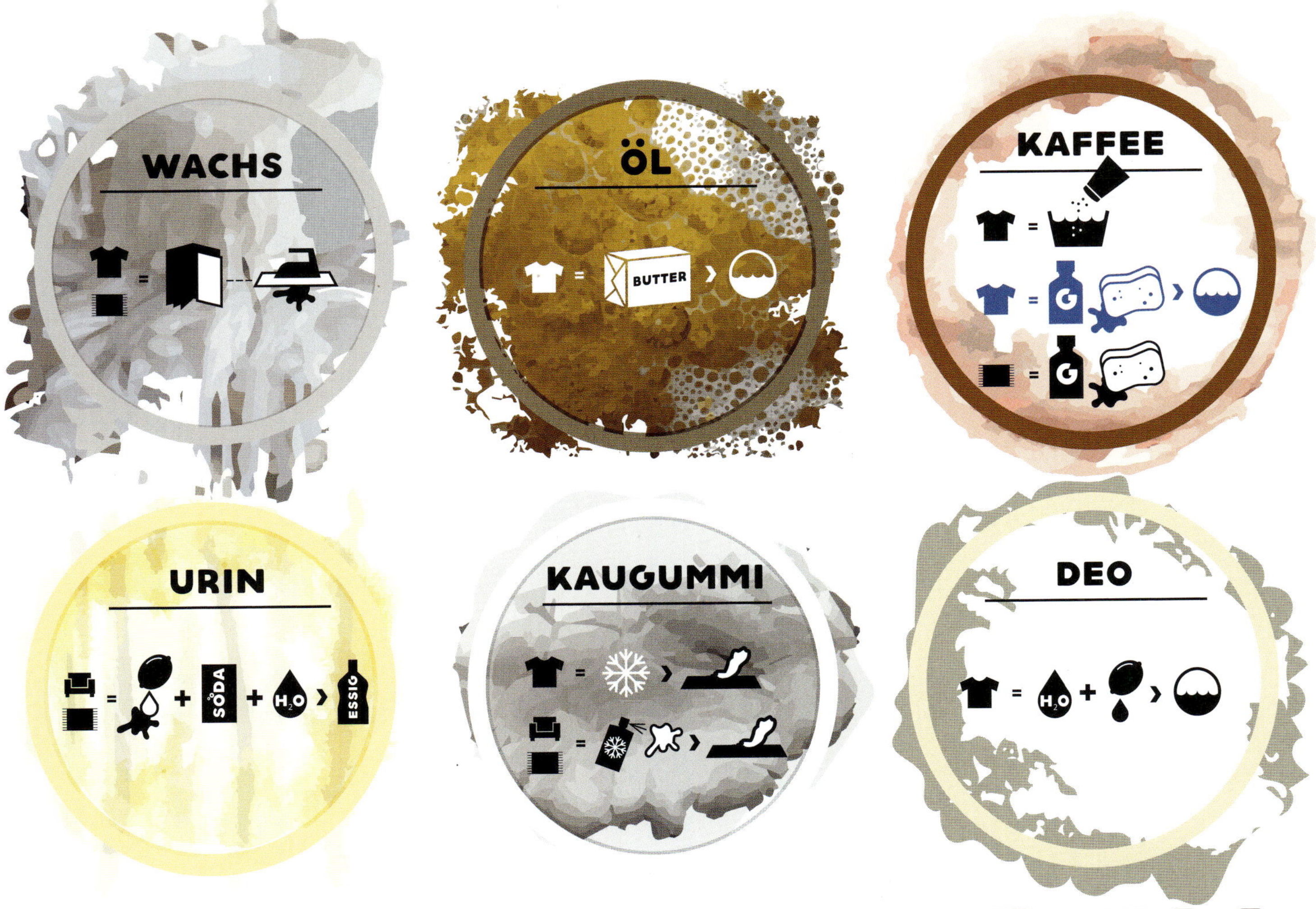

BUNTES TREIBEN

Fleckenentfernung leicht gemacht

Kennen Sie noch Klementine? Mit ihrer weißen Latzhose, der Schirmmütze und dem rot-weiß karierten Hemd war die Ariel-Werbe-Ikone so etwas wie der weibliche Meister Proper der 1960er-Jahre. Johanna König war es, die die Figur von 1968 bis 1984 verkörperte. Nach einer zehnjährigen Pause schlüpfte Frau König 1993 erneut in diese Rolle und erhielt drei Jahre später von Ariel einen dauerhaften PR-Vertrag. Dieser endete, als Johanna König am 3. März 2009 in Berlin verstarb.

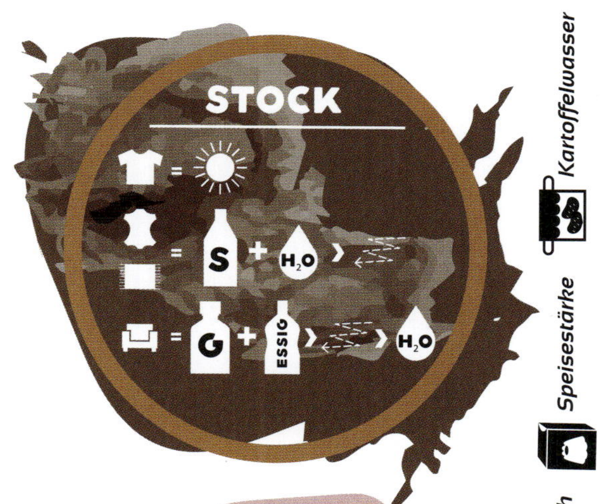

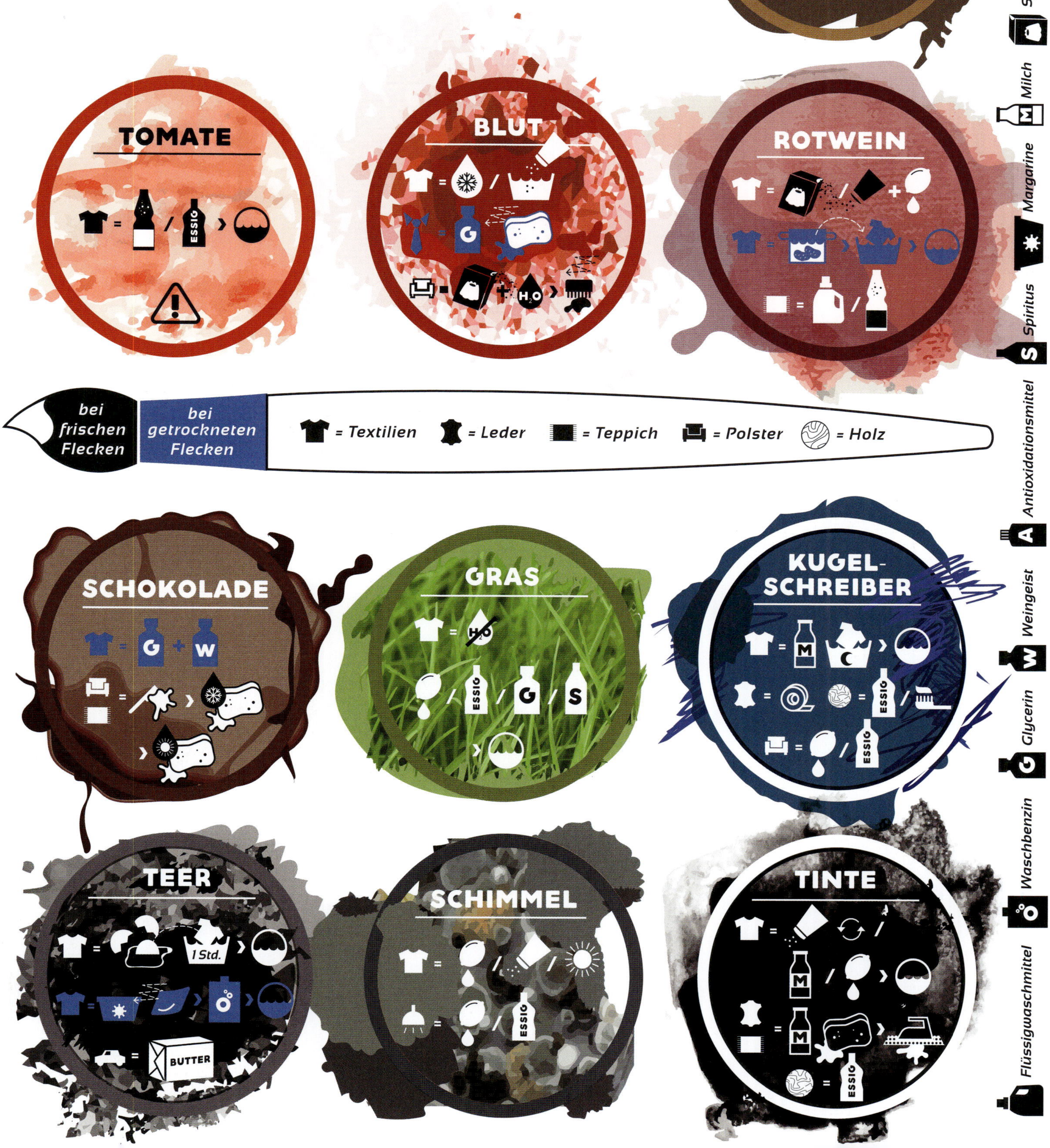

Guck mal!

Die richtige Kamera für jeden

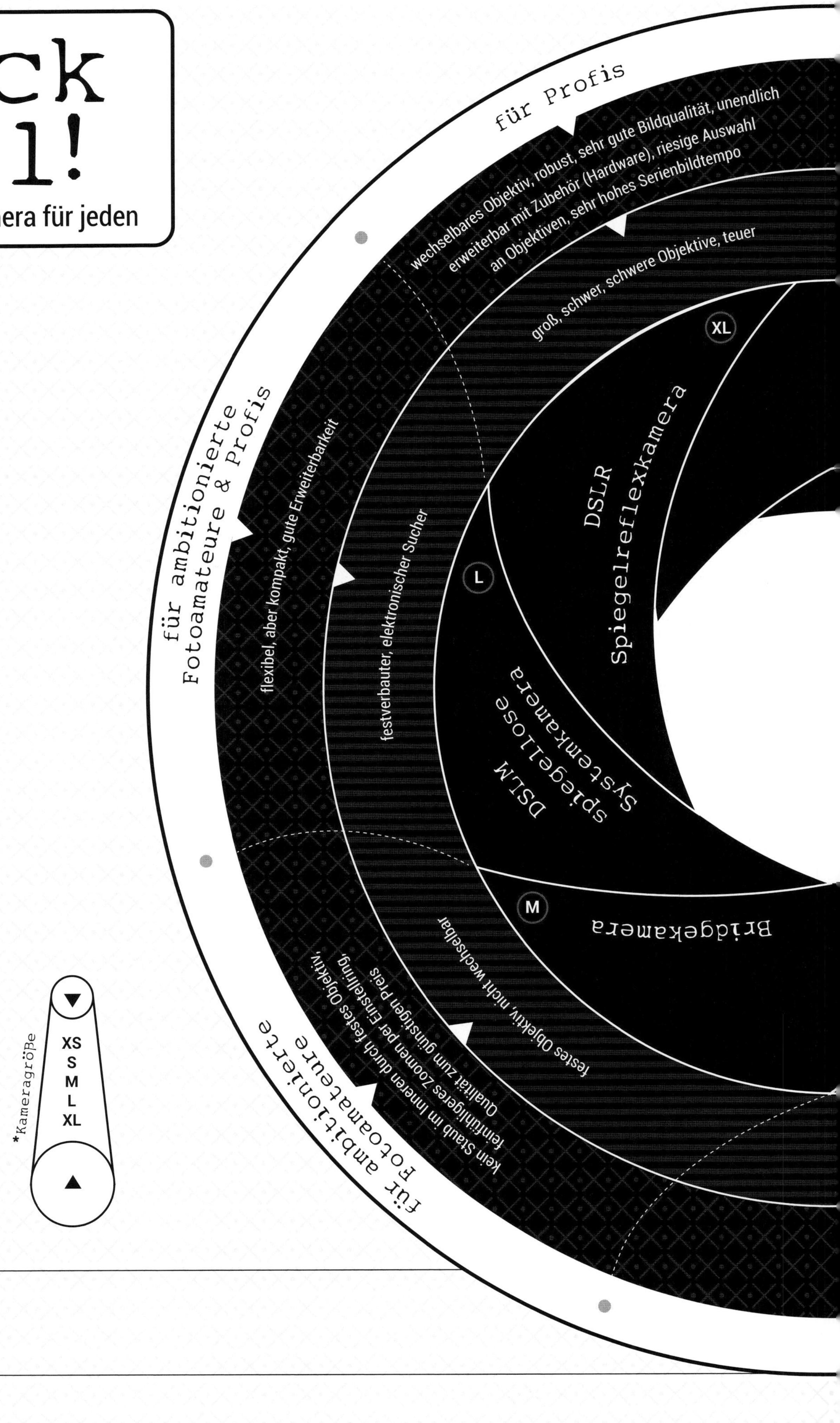

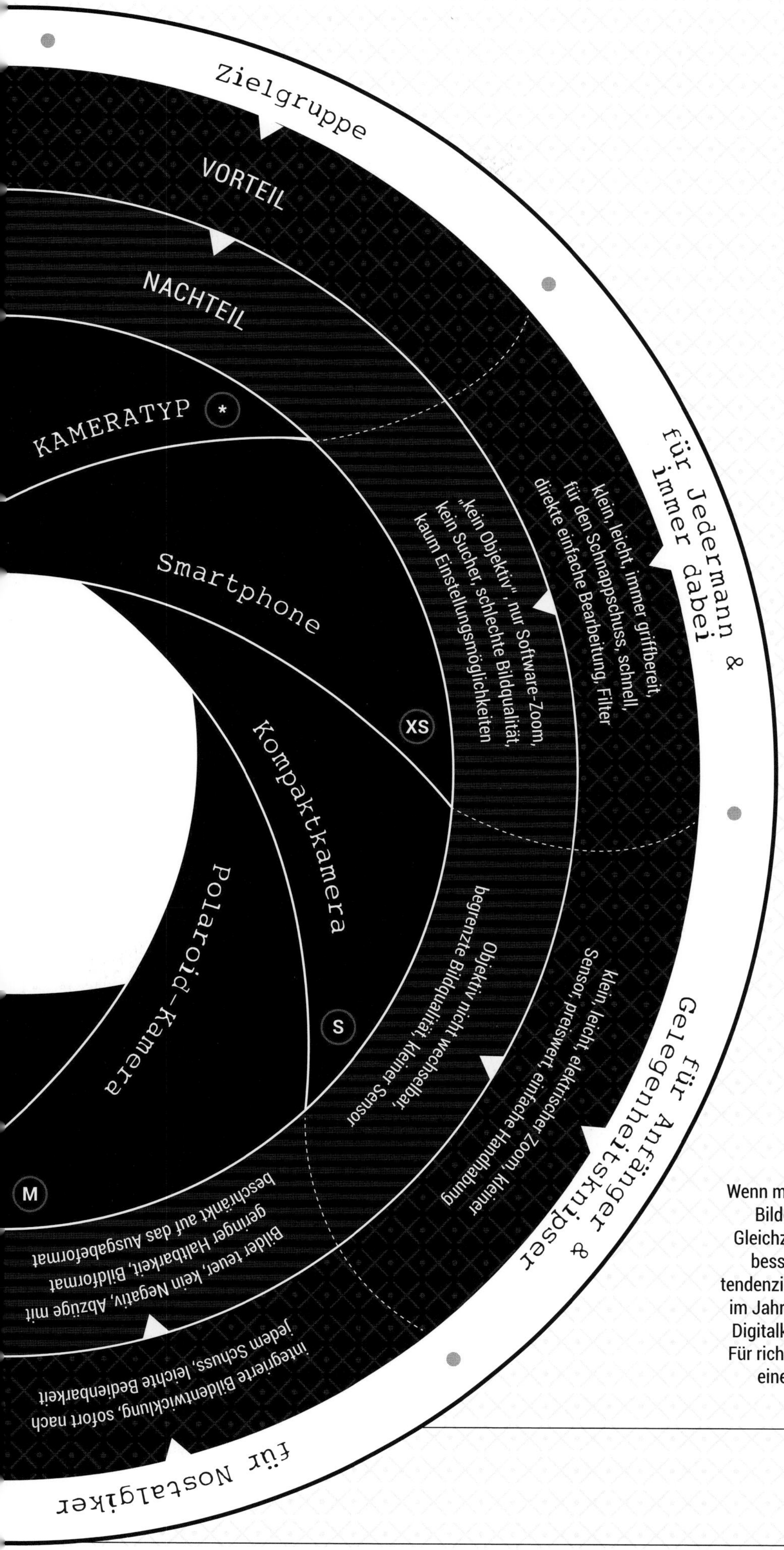

Wenn man sich in den sozialen Netzwerken umschaut, werden Bilder immer wichtiger und zum Thema für jedermann. Gleichzeitig werden die Kameras in den Smartphones immer besser, und das erklärt wohl auch die Entwicklung, dass tendenziell weniger Digitalkameras eingesetzt werden: Besaßen im Jahr 2013 noch 47,54 Mio. Menschen in Deutschland eine Digitalkamera, waren es im Jahr 2016 nur noch rund 44 Mio. Für richtig gute Fotos kommt man aber nach wie vor nicht um eine qualitativ hochwertige, teure Ausstattung herum.

MÄNNER, DIE AUF TORE ZIELEN

SPIELERLEGENDEN UND IHRE ERFOLGE*

Seit 1991 kürt der Weltfußballverband FIFA den „Weltfußballer des Jahres“, seit 2001 zudem die „Weltfußballerin des Jahres“. Abstimmen durften bis 2016 die Kapitäne und Trainer der Nationalteams der Welt, aktuell sind auch Journalisten und Fans stimmberechtigt. Nachdem die FIFA die Wahl von 2010 bis 2015 zusammen mit der französischen Fachzeitschrift „France Football“ unter dem Namen „FIFA Ballon d'Or“ abgehalten hatte, wird seit 2016 wieder von der FIFA alleine ein Preis vergeben: Bei den „Best FIFA Football Awards“ geht es heuer um den Titel „The Best – FIFA-Weltfußballer“.

* Stand 2016

- Nationaler Meister
- Champions-League-Sieger
- Weltmeister
- Weltfußballer/ -torhüter/ -schiedsrichter des Jahres

- TW Torwart
- ZDM zentrales defensives Mittelfeld
- ZOM zentrales offensives Mittelfeld
- MS Mittelstürmer
- RA Rechtsaußen
- LA Linksaußen
- ST Stürmer
- SR Schiedsrichter

- Vollständiger Name (Geburtsjahr)
- Größe (in Meter)
- Nationalmannschaft

Das große Ackern

Gartenarbeiten rund ums Jahr

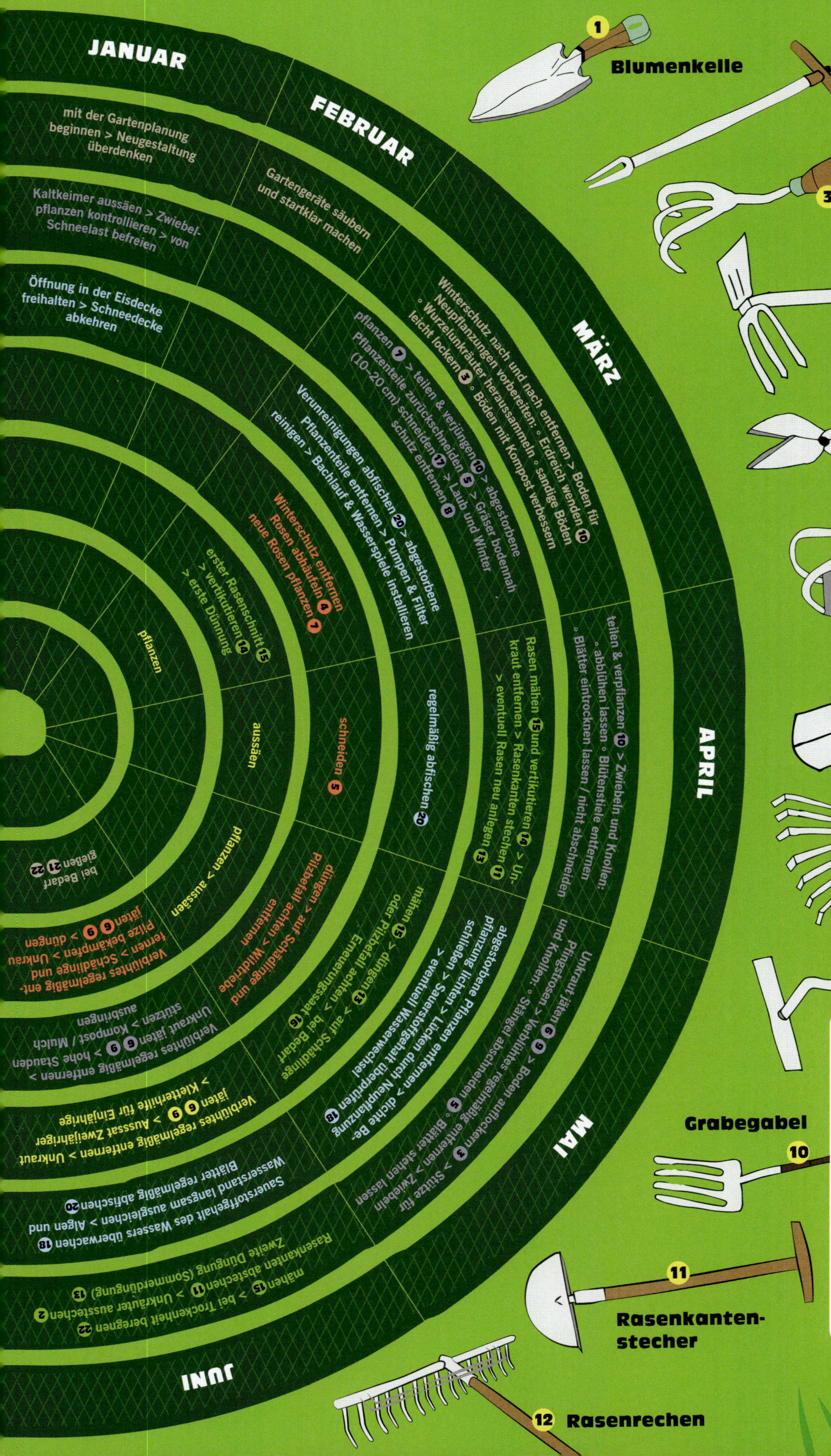

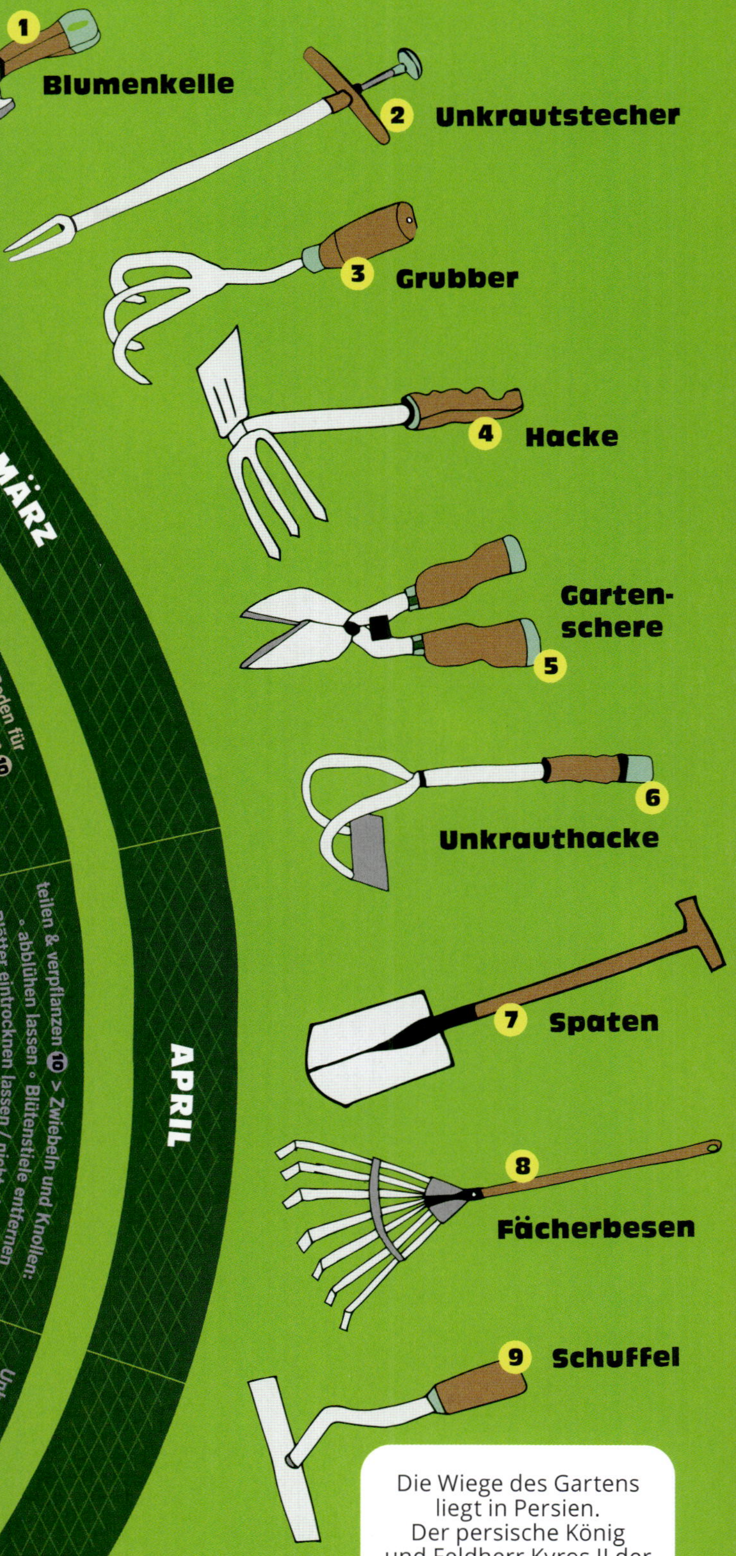

Die Wiege des Gartens liegt in Persien. Der persische König und Feldherr Kyros II der Große war der Erste, der vor ca. 2500 Jahren in jedem seiner Paläste einen Garten, sowohl als Rückzugsort als auch als Symbol der Macht, errichten ließ. Er nannte diese paradaidha, „Paradies“ - und als dieses betrachten viele Menschen bis heute den Garten, obwohl er ein echtes Ganzjahresprojekt ist, wie die Grafik zeigt.

LOST IN SPACE

Wofür wir unser Geld ausgeben und wofür wir es ausgeben möchten

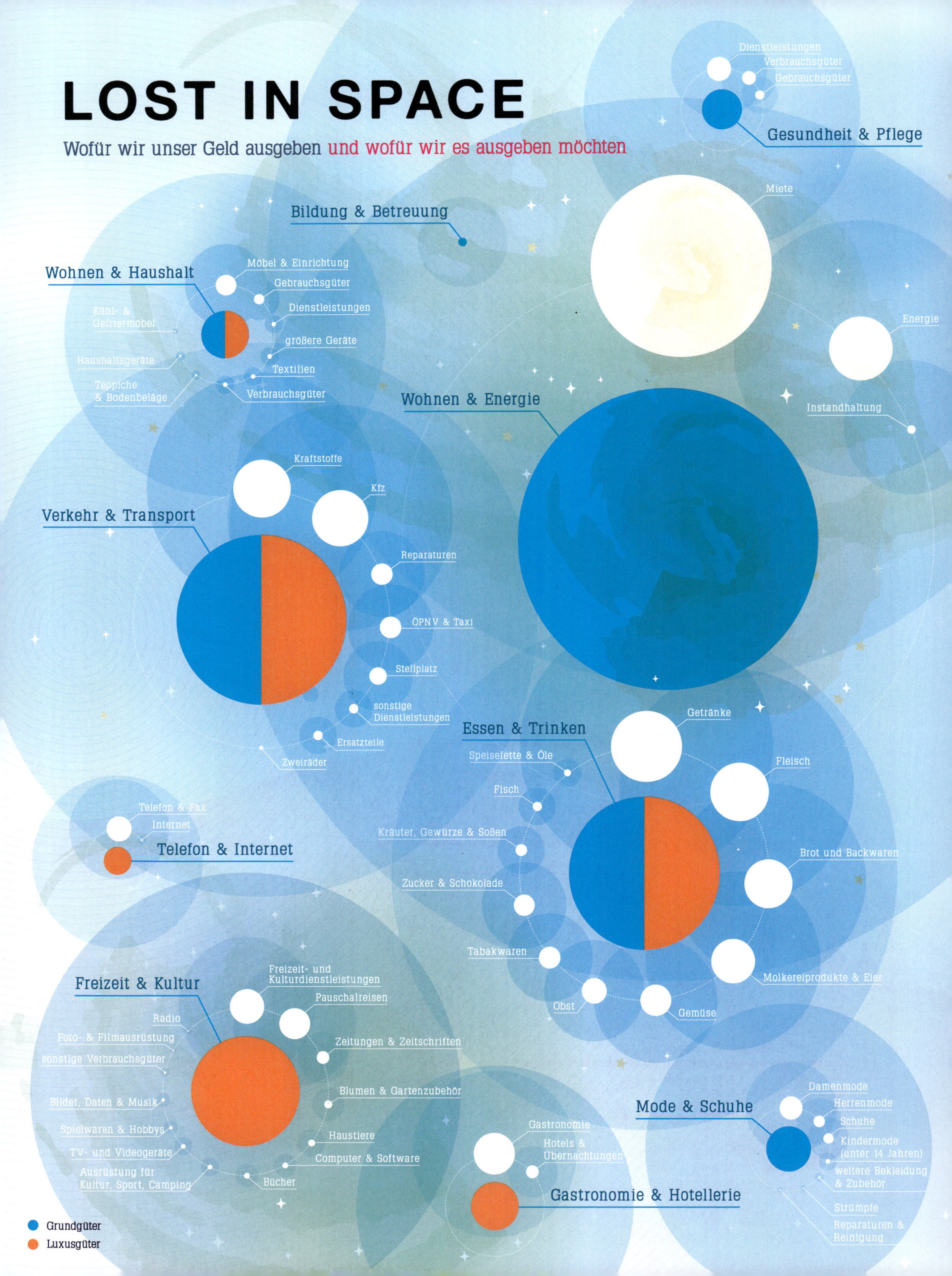

Was uns am teuersten zu stehen kommt, ist das Dach über unserem Kopf: Ob Miete oder Rate fürs Eigenheim, in Deutschland ist das Zuhause schon fast ein Luxusgut. Dabei gäbe es so viel schönere Dinge, für die man viel lieber jeden Morgen zur Arbeit gehen würde – zum Beispiel 89.506 neue Bücher allein im Jahr 2015!

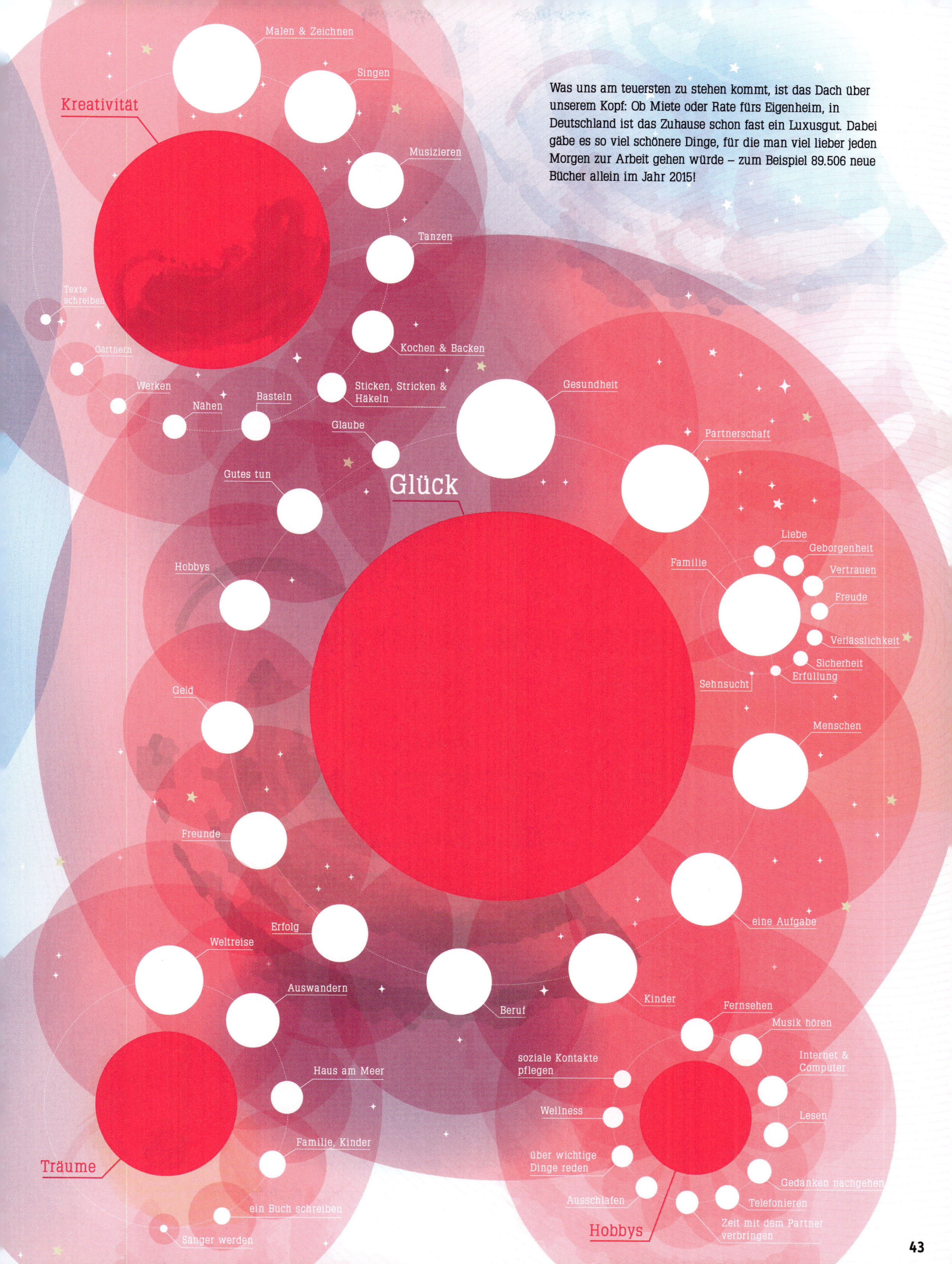

Poker FACE

Welche Frisur zu welcher Gesichtsform?

DIAMANTFÖRMIGES GESICHT

STIRN relativ kurz
KINN kurz, so breit wie Stirn
WANGEN breiteste Stelle
GESICHTSFORM diamantförmig

TRAPEZFÖRMIGES GESICHT

STIRN etwas schmaler
KINN kantig
WANGEN breite Kieferknochen
GESICHTSFORM trapezförmig

HERZFÖRMIGES GESICHT

STIRN breit, 2-Bögen-Haaransatz
KINN markant, schmal
WANGEN schmal
GESICHTSFORM herzförmig

FRANSIGER PIXIE MIT SEITENSCHEITEL

WIRKUNG
kaschiert die Wangenknochen
GESICHTSFORM

SHORT SHAG

WIRKUNG
gleicht die Kanten aus
GESICHTSFORM

BOB AUF WANGENHÖHE

WIRKUNG
unterstreicht die Gesichtsform
GESICHTSFORM

LONG BOB MIT SEITENSCHEITEL

WIRKUNG
schmälert die Seitenpartien
GESICHTSFORM

FRANSIGER LONG BOB

WIRKUNG
kaschiert die breite Stirn
GESICHTSFORM

KINNLANGES GESTUFTES HAAR

WIRKUNG
kaschiert die Wangenknochen
GESICHTSFORM

GRINGE MIT KINNLANGEM HAAR

WIRKUNG
teilt mit einem langen Pony verspielt die Stirn
GESICHTSFORM

MITTELLANG MIT SEITLICHEM PONY

WIRKUNG
erzeugt eine Asymmetrie, der halbe Stirnbereich wird versteckt
GESICHTSFORM

SCHULTERLANGES GLATTES HAAR

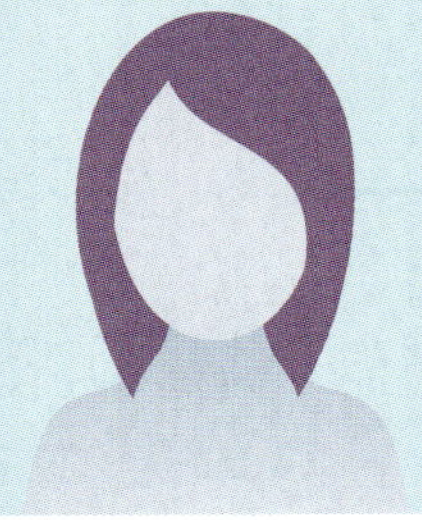

WIRKUNG
streckt das Gesicht
GESICHTSFORM

RACHEL CUT

WIRKUNG
macht ein rundliches Gesicht
GESICHTSFORM

LANGHAAR-STUFEN-SCHNITT MIT PONY

WIRKUNG
kaschiert die kantige Form und verkürzt das Gesicht
GESICHTSFORM

STUFENSCHNITT MIT GERADEM PONY

WIRKUNG
verdeckt die Stirnpartie und das eckige Kinn fällt nicht mehr auf
GESICHTSFORM

RECHTECKIGES GESICHT

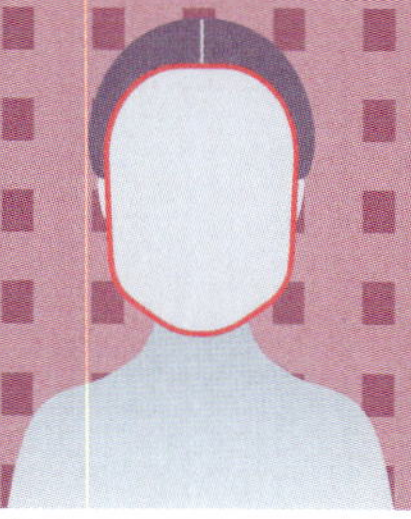

STIRN breit
KINN kantig
WANGEN kantig, breit
GESICHTSFORM länglich

QUADRATISCHES GESICHT

STIRN breit, kurz
KINN breit, kantig
WANGEN so breit wie Kinn & Stirn
GESICHTSFORM breit wie hoch

RUNDES GESICHT

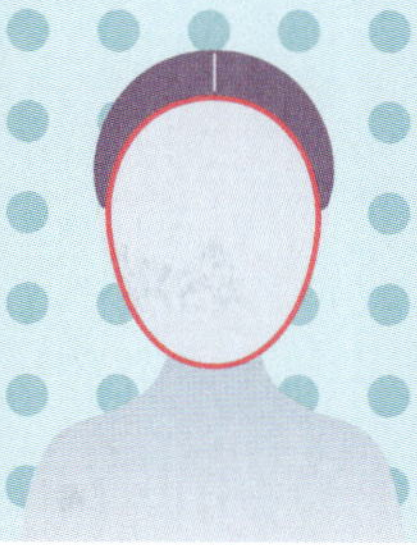

STIRN/KINN/WANGEN rund
GESICHTSFORM einheitlicher Durchmesser im ganzen Gesicht

DREIECKIGES GESICHT

STIRN breit
KINN spitz zulaufend
WANGEN eher schmal
GESICHTSFORM dreieckig

EXTREM GESTUFTES HAAR

WIRKUNG
macht das Gesicht weicher
GESICHTSFORM

GLATTES HAAR MIT SCHRÄGPONY

WIRKUNG
lässt den Stirnbereich schmaler wirken
GESICHTSFORM

GLATTES HAAR MIT TIEFEM PONY

WIRKUNG
lässt den Stirnbereich breiter wirken
GESICHTSFORM

GEWELLTES HAAR MIT SEITLICHEM PONY

WIRKUNG
macht das Gesicht weicher, die harten Kanten werden versteckt
GESICHTSFORM

WELLIGES HAAR MIT MITTELSCHEITEL

WIRKUNG
lenkt vom dominanten Kiefer ab
GESICHTSFORM

LOCKEN MIT SEITENSCHEITEL

WIRKUNG
gleichen die kantigen Gesichtszüge aus
GESICHTSFORM

LOCKEN MIT MITTELSCHEITEL

WIRKUNG
machen die Ecken weicher und das Gesicht wirkt diamantförmig
GESICHTSFORM

LANGES HAAR MIT STUFENSCHNITT

WIRKUNG
lässt das Gesicht schmaler wirken
GESICHTSFORM

LANGES HAAR MIT MITTELSCHEITEL

WIRKUNG
lässt das Gesicht diamantförmig wirken
GESICHTSFORM ▼

OVALES GESICHT ★ DER JOKER ★

DU KANNST ALLES TRAGEN

STIRN sanft abgerundet
KINN sanft abgerundet
WANGEN breiteste Stelle in der Mitte
GESICHTSFORM oval

In San Diego erforschten Wissenschaftler einmal mittels einer Studie, was Schönheit ist. Heraus kam, dass ebenjene nicht (nur) im Auge des Betrachters liegt: Der Abstand Mund – Augenpartie muss demnach ca. 36% der Gesichtslänge betragen, der Abstand Auge – Auge 46%

der Gesichtsbreite, damit ein Gesicht als schön gilt. Mit der entsprechenden Frisur kann ein Gesicht sowohl näher an dieses Ideal gebracht als auch weiter davon entfernt werden – je nachdem, an welcher Stelle sie es optisch verlängert, verkürzt, breiter oder schmaler wirken lässt.

Maskiert

Gesichtsmasken für und gegen (fast) alles

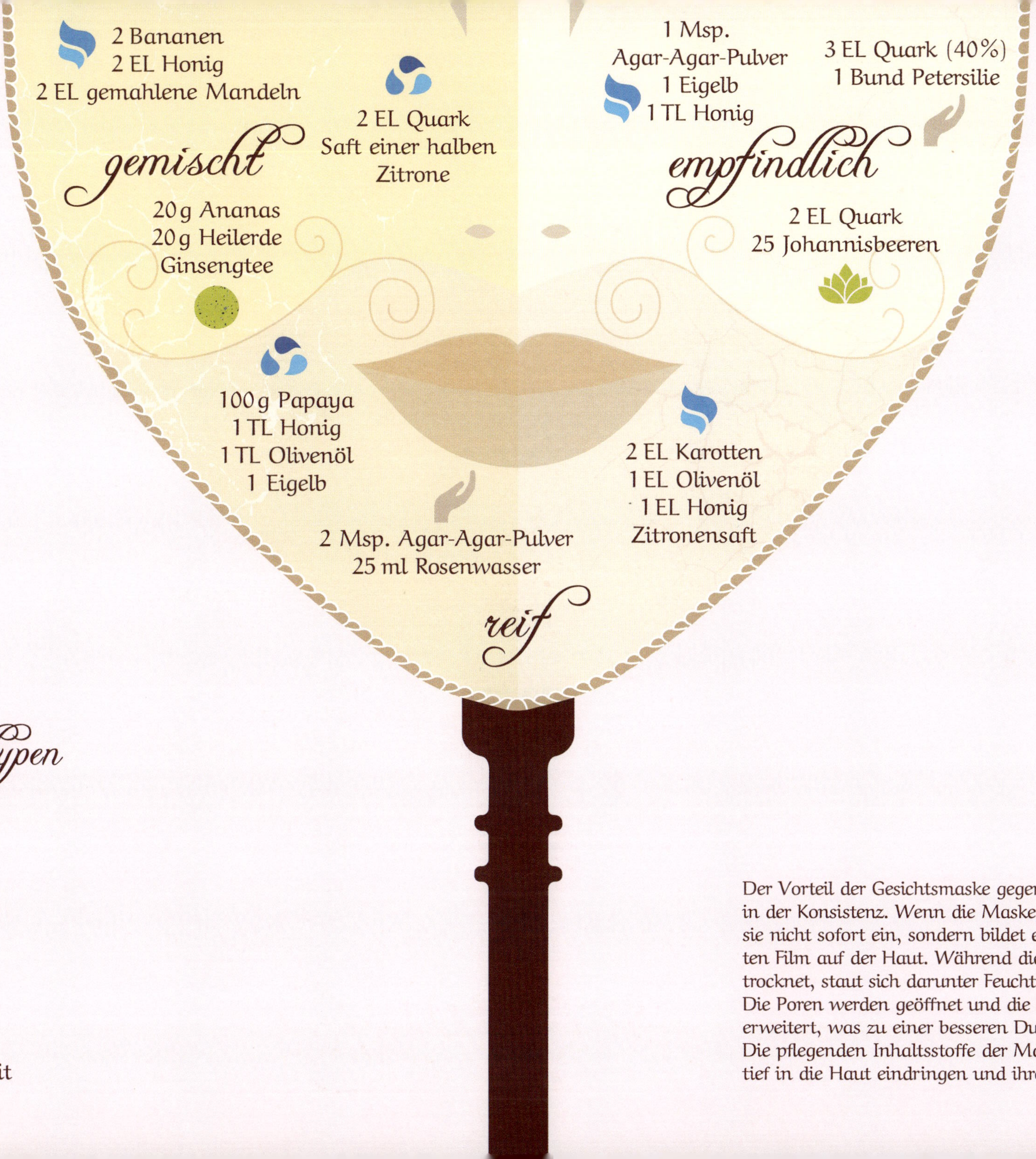

Hauttypen

- Wellness
- Reinigung
- Peeling
- Pflege
- Feuchtigkeit

Der Vorteil der Gesichtsmaske gegenüber der Creme besteht in der Konsistenz. Wenn die Maske aufgetragen wird, zieht sie nicht sofort ein, sondern bildet einen dünnen, luftdichten Film auf der Haut. Während dieser Film langsam trocknet, staut sich darunter Feuchtigkeit und Wärme an: Die Poren werden geöffnet und die Kapillaren in der Haut erweitert, was zu einer besseren Durchblutung führt. Die pflegenden Inhaltsstoffe der Maske können so ganz tief in die Haut eindringen und ihre Wirkung entfalten.

UNSER TÄGLICH BROT

GETREIDE IM ÜBERBLICK

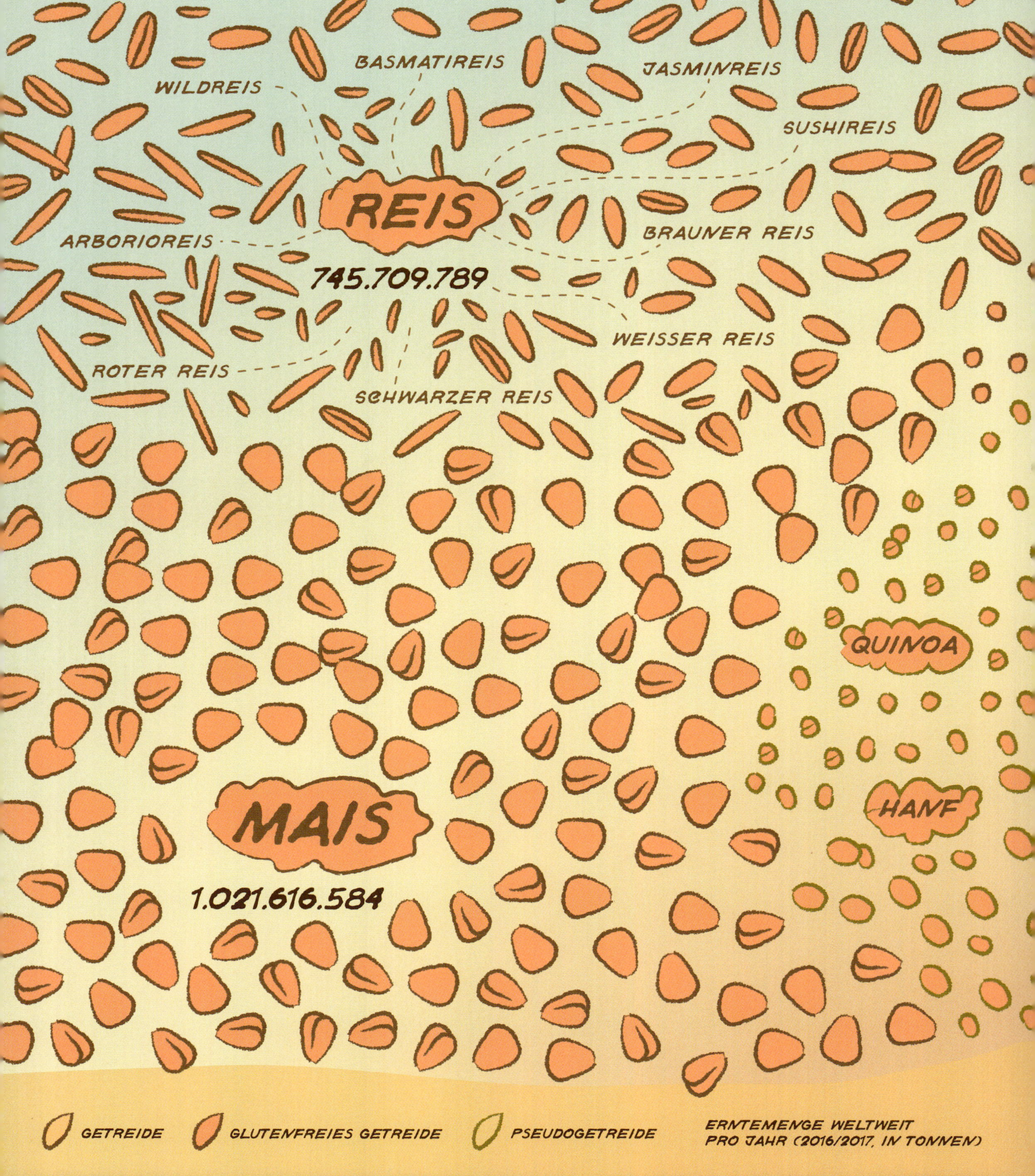

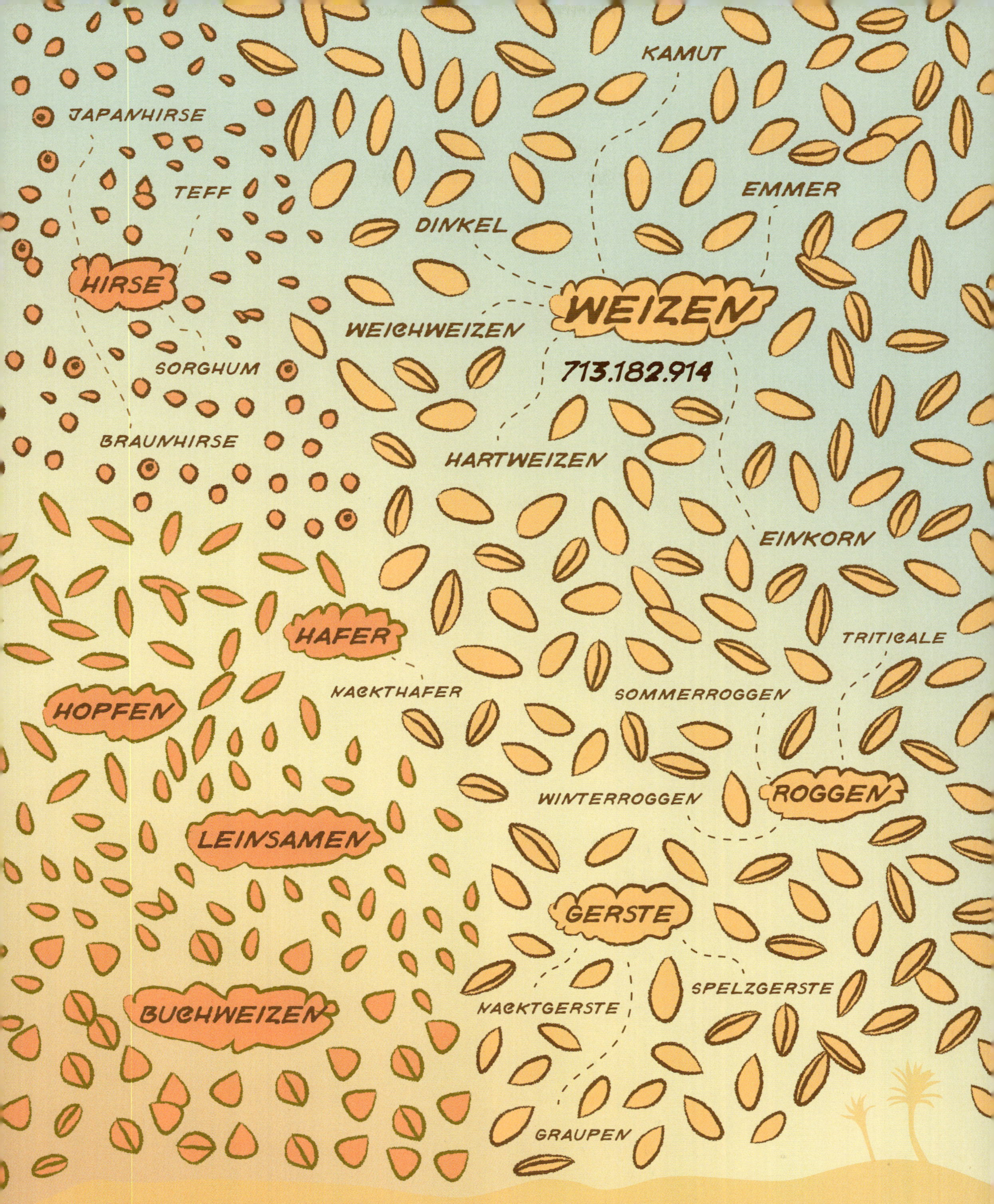

In der Bibel wird erzählt, dass dem Volk Israel bei seiner 40-jährigen Wanderung durch die Wüste jeden Tag früh morgens Manna vom Himmel regnete – das „Himmelsbrot“. Es diente den Wandernden als Nahrung und konnte nicht aufbewahrt werden für den nächsten Tag, da es über Nacht verdarb. Die Bibel deutet Letzteres als eine Probe Gottes, der sich so des Vertrauens der Menschen in seinen Schutz versicherte. Schon die Einheitsübersetzung der Bibel vermutet hinter dem „Himmelsbrot“ das Harz einer Tamarisken-Art, doch dass davon ein ganzes Volk gespeist werden kann, wird als unwahrscheinlich betrachtet.

ALLES GRILLKÜR!

Verschiedene Grillarten und ihre Eigenschaften

HEIZEN
- HK Holzkohle
- GB Grillbriketts
- G Gas
- E elektrisch
- P Pellets
- H Holz

VORHEIZEN

RAUCHENTWICKLUNG

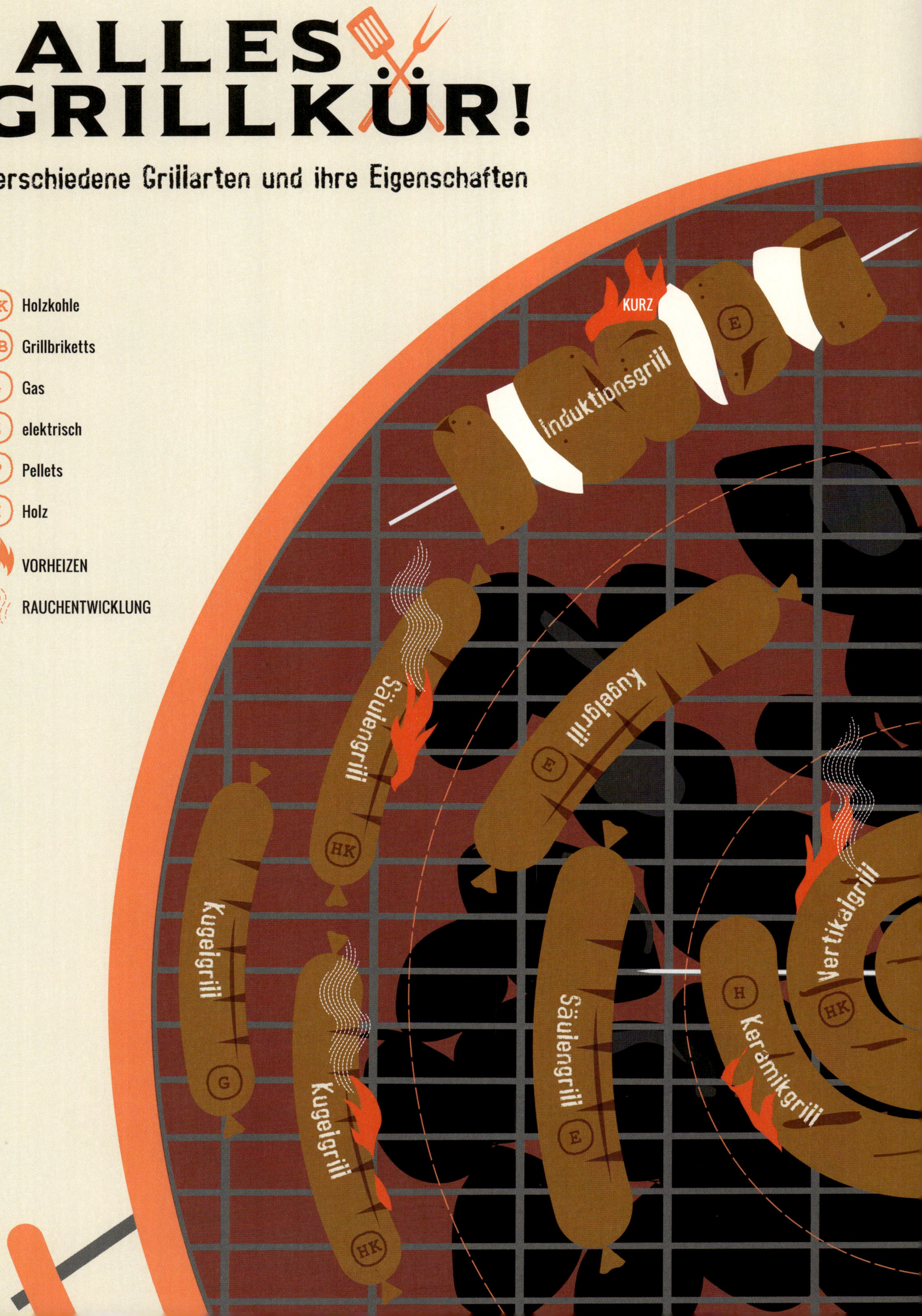

Egal für welchen Grill Sie sich entscheiden: Sicherheit und gesundheitliche Aspekte sollten immer vorgehen, damit das Grillvergnügen ungetrübt bleibt. Es ist zum Beispiel Usus, Grillgut auf Alufolie oder in Aluschalen auf den Grill zu legen, um das Grillgut vor Rauch und Asche zu schützen und zu verhindern, dass Fett auf die glühenden Kohlen tropft, was krebserregende Dämpfe verursachen soll. Wenn das Grillgut in diesen Dämpfen gegart wird, nimmt es sie auf – soweit die Theorie. Beim Kontakt mit der Alufolie jedoch werden Partikel auf das Fleisch übertragen, welches dadurch einen Aluminiumgehalt annimmt, der als gesundheitsgefährdend gilt. Die Lösung: indirektes Grillen, d.h. das Fleisch wird nicht direkt über den glühenden Kohlen aufgelegt, sondern auf einem Teil des Rostes, unter dem keine Kohle liegt – ganz ohne Aluschale.

IMMER DER TASCHE NACH!

Die passende Tasche für jeden Anlass

Die teuerste Tasche der Welt ist derzeit die Mouawad 1001 Nights Diamond Purse: Die kleine herzförmige Tasche mit Gold- und Diamantverzierungen, eigentlich ein Geldbeutel, kostet 3,8 Millionen US-Dollar... Platz zwei belegt die Hermes Birkin Bag by Ginza Tanaka, sie kostet nur die Hälfte, obwohl sie aus Platin und mehr als 2000 Diamanten besteht – wenn das kein Schnäppchen ist?!

Shopping
Card
%
Mein Jahr
Rucksack
» groß, variierendes, meist robustes Material, rückenfreundlich, auch im Alltag und im Büro tragbar
Umhängetasche
» groß, variierendes Material, mit Deckklappe oder Reißverschluss, auch im Alltag tragbar
Weekender
» groß, variierendes Material, meist mit festem Boden
Buckle Bag
» variierende Größe und Form, meist Leder, mit Gürtelschnallen-Verschluss
Beuteltasche
» groß, sackartige Form, weiches Material, meist kein Boden
Hobo Bag
» groß, meist sichelförmig, flexibles Material
Jutetasche
JUTE IST DAS NEUE PLASTIK!
» mittelgroß, rechteckige Form, Jute, vor allem für Lebensmitteleinkäufe
Shopper
» groß, beutelförmig, variierendes Material, oben offen, von innen per Reißverschluss oder Druckknopf zu schließen
Trapeztasche
» groß, Trapezform, Leder
Tote Bag
» groß, variierende Form, Textil, Leder, manchmal auch mit 2 Henkeln
Messenger Bag
» groß, variierendes Material, mit Deckklappe, vor allem für den Transport des Laptops
kurze Henkel
Tragegurt
1 Schultertrageriemen
2 Schultertrageriemen
zum Umhängen
hilft, Ordnung zu halten
A
R
B
S

Ist das nützlich oder kann das weg?

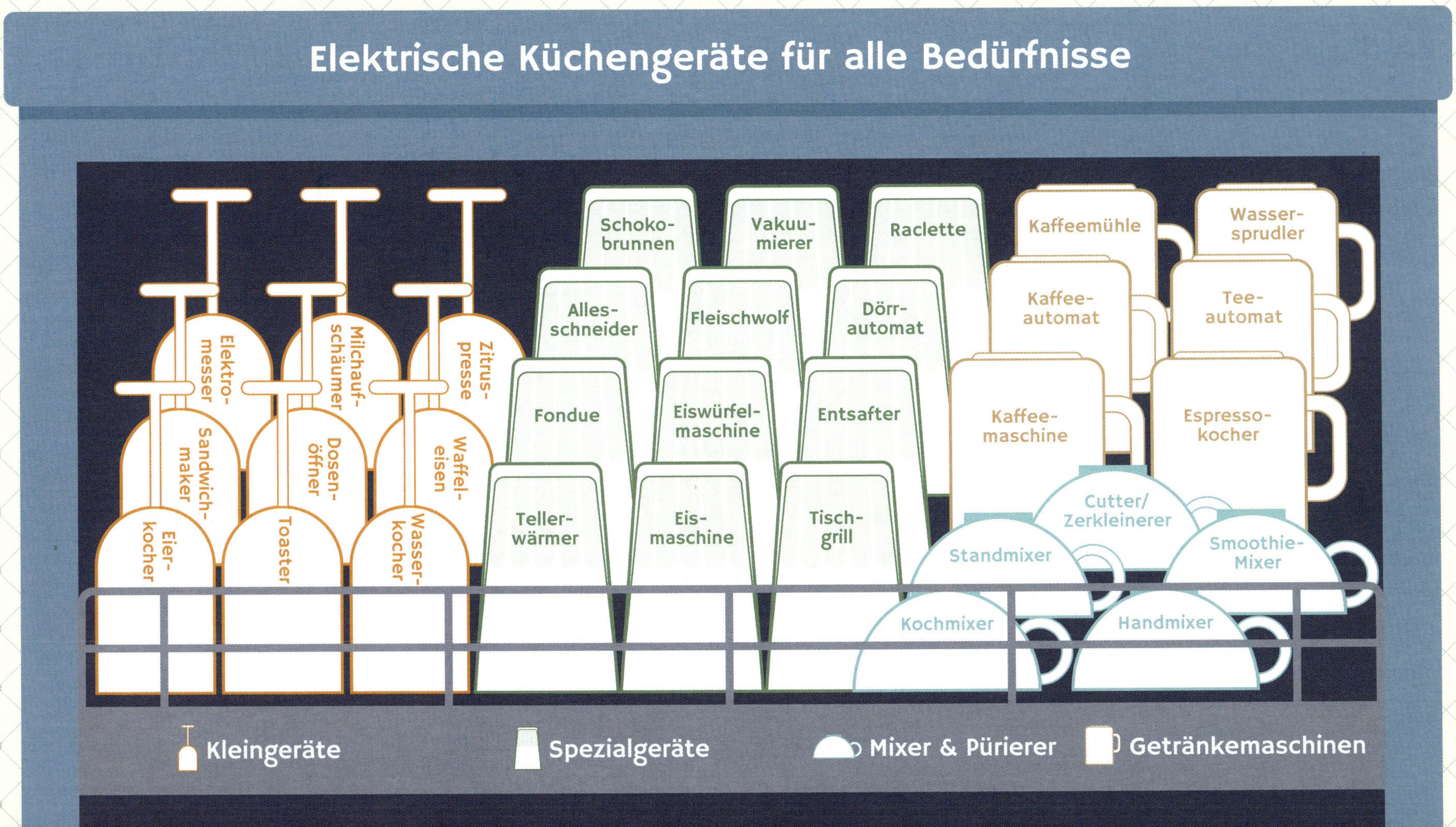

In seinen Anfängen zu Beginn des 20. Jahrhunderts war Strom beinahe unerschwinglich teuer und wurde maximal zur Beleuchtung verwendet, und dies änderte sich auch erst Jahrzehnte später. Es gab bereits etliche elektrische Geräte im Angebot, doch auch wenn die Anschaffungskosten nicht zu hoch waren, waren sie für die breite Masse unerschwinglich aufgrund der horrenden Strompreise. Erst als der Strom deutlich billiger wurde, konnten all die Helferlein ihren Siegeszug antreten, und dieser hält bis heute an: Die „weiße Ware", wie Küchengeräte im Einzelhandel genannt werden, wird ständig ergänzt und umfasst schon jetzt unzählige Hilfsmittel, über deren Sinn und Unsinn im Einzelnen sich diskutieren lässt.

DIE KRONE DER SCHÖPFUNG

Der Deutschen liebste Haustiere

Haustiere sind wie kleine Kinder: Ohne „ihren“ Menschen sind sie aufgeschmissen. Die Betreuung der Tiere während der eigenen Abwesenheit ist daher elementar und man sollte sich darüber im Klaren sein, dass dies geregelt werden muss, bevor man sich ein Tier anschafft. Eine Lösung dafür sind etwa professionelle (oder auch private) Tiersitter, die sich gegen einen Obolus um anderer Leute Tiere kümmern. Und das wird sogar vom Staat unterstützt: Die Kosten können als „haushaltsnahe Dienstleistung“ in der Steuererklärung geltend gemacht werden!

PERSONEN MIT TIEREN IM HAUSHALT (2016, in Mio.)

AB DURCH

BELIEBTE HECKENGEWÄCHSE

HAINBUCHE (Carpinus betulus) – sonnig, schattig, trocken – mittelfeucht, ↑ 1,5–4 M, XX

STECHPALME (Ilex aquifolium) – halbschatten, Laub, immergrün, humusreich, ↑ 1–2 M, X

BUCHSBAUM (Buxus sempervirens)

LIGUSTER (Ligustrum vulgare) – Laub, ↑ 1–3 M, XX

FELDAHORN (Acer campestre) – sonnig, halbschatten, trocken – mittelfeucht, Laub

ROTBUCHE (Fagus sylvatica) / **ROTBLÄTTRIGE BLUTBUCHE** (Fagus sylvatica var. purpurea) – sonnig, schattig, mittelfeucht, Laub, ↑ 1,5–5 M, XX

EIBE (Taxus baccata) – sonnig, schattig, mittelfeucht, Nadeln, immergrün, ↑ 1–4 M, X

STANDORT: ☀ SONNIG ● SCHATTIG ◐ HALBSCHATTEN **BODEN:** 💧💧💧 FEUCHT 💧💧○ MITTELFEUCHT 💧○○ TROCKEN ▦ HUMUSREICH

🍃 LAUB, NADELN, IMMERGRÜN, ↑ HECKENHÖHE, X ANZAHL DER RÜCKSCHNITTE PRO JAHR

DIE HECKE!

UND IHRE OPTIMALE PFLEGE

Das klassische Labyrinth hat sich um 1.200 v. Chr. vom Mittelmeer ausgehend über die ganze Welt verbreitet. Dabei wurden klassischerweise von einem Kreuz in der Mitte ausgehend zuerst sieben, später mehr Kreise gezogen, die sich ineinander verschlangen und zielsicher wieder zur Mitte führten – im Gegensatz zum Irrgarten, in dem es Irrwege und Abzweigungen gab. Im 15. und 16. Jahrhundert dann wurde die Art von Labyrinth entworfen, die uns heute geläufig ist: als Heckenirrgarten mit Sackgassen und einer Mitte, die nicht so schnell zu finden ist. Da hilft dann manchmal nur noch: Ab durch die Hecke!

NATÜRLICHE SUPERHELDEN

Die Top 10 heilender Pflanzen
für Körper und Seele

SUPER-MIND
Unruhe & Nervosität

SCHNÜFFLERINE
Atemwegserkrankungen: Bronchitis, Husten, Erkältung, Schnupfen, Entzündungen

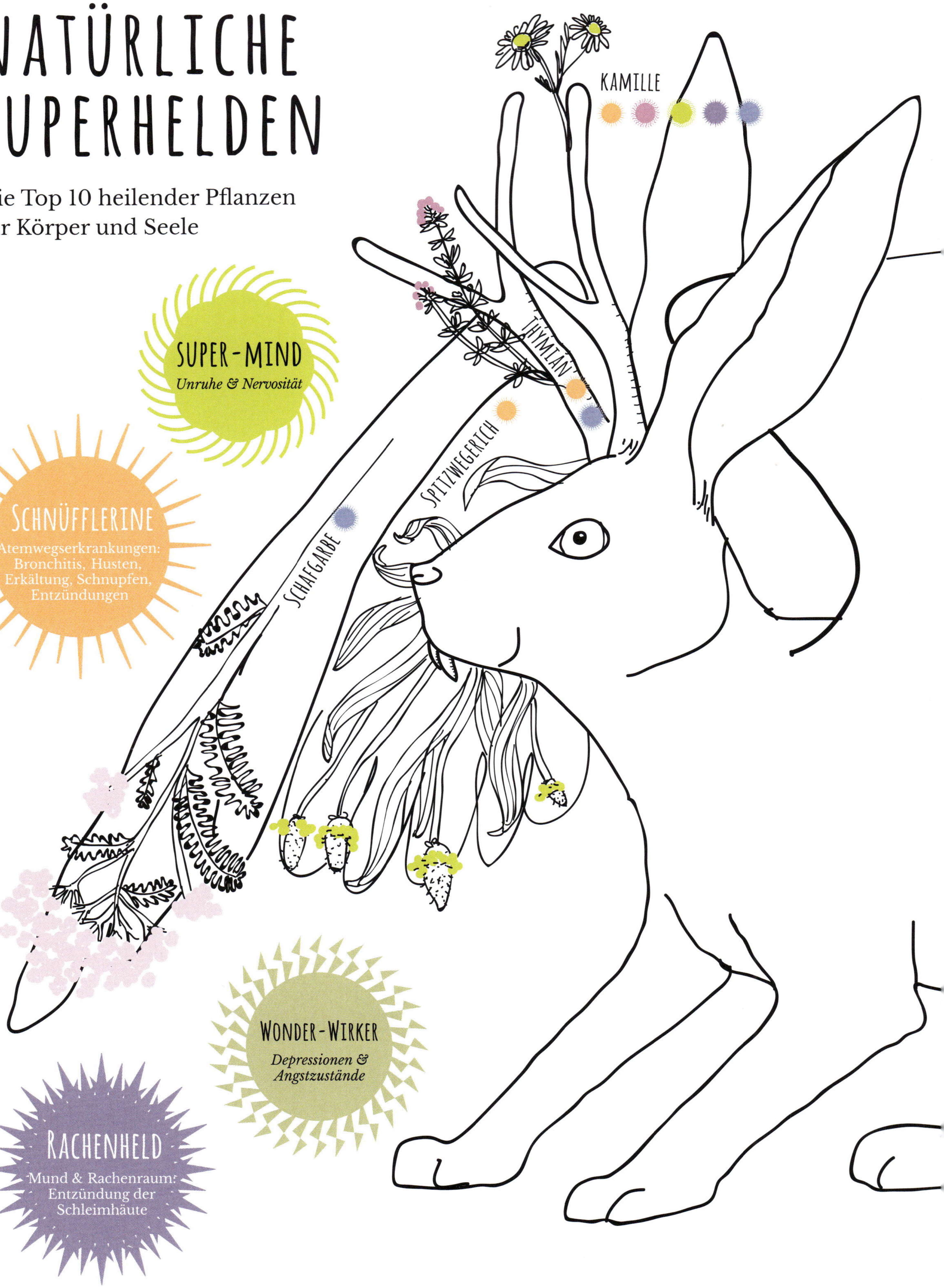

WONDER-WIRKER
Depressionen & Angstzustände

RACHENHELD
Mund & Rachenraum: Entzündung der Schleimhäute

Viele Pflanzen haben Superkräfte! Aber sie gehen damit nicht hausieren wie Superman & Co., sondern verstecken dies im Gegenteil oft unter dem Mantel der Giftigkeit. Oleander etwa enthält Glykosid Oleandrin in allen Pflanzenteilen und kann je nach aufgenommener Giftmenge sogar zum Tod führen. Glücklicherweise äußert sich dieser Umstand in einem sehr bitteren Geschmack, was den Verzehr meist sofort stoppt. In den Händen eines Heilkundlers hingegen wird das Gift des Oleanders zu einem wirksamen Mittel zur Stärkung des Herzmuskels – bei entsprechender Dosierung und Verabreichung, versteht sich. Weitere Beispiele für als giftig getarnte Superhelden aus der Natur sind die Vogelbeere oder der Blaue Eisenhut.

UM DEN HALS GEFALLEN

Die verschiedenen Hemdkragenformen

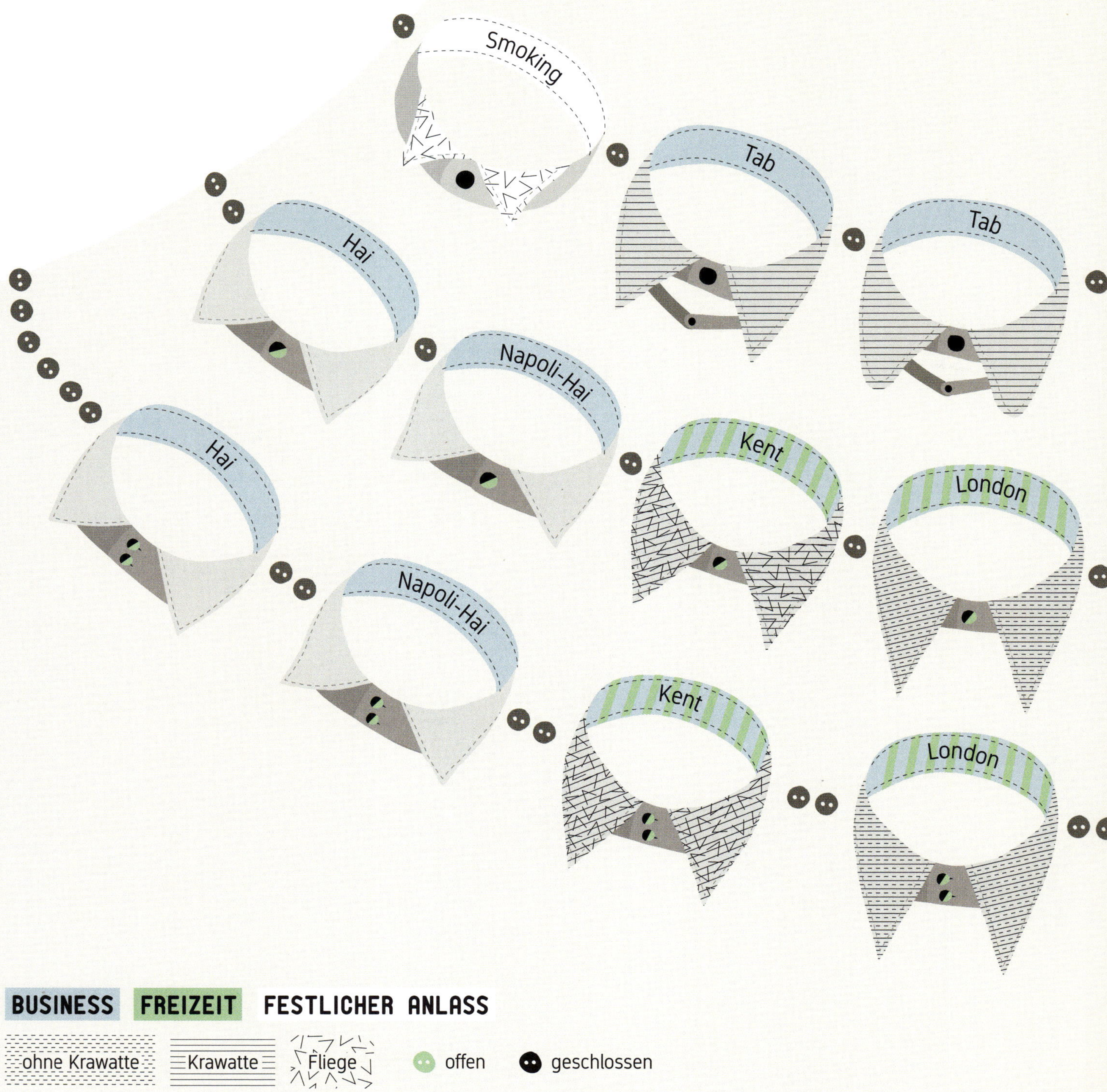

Das am deutlichsten variierende Element bei den verschiedenen Hemdkragenformen ist der Winkel zwischen den Kragenspitzen, manchmal wird auch noch die Anzahl der Knöpfe als Unterscheidungsmerkmal herangezogen. Nicht nur Anlass und Form des zu tragenden Anzugs sind bei der Auswahl des Hemdkragens zu beachten, sondern auch die Gesichtsform: So setzt der Haifischkragen schmale, längliche Gesichter am besten in Szene, während rundere Gesichtsformen in Kombination mit einem kürzeren Hals eher einen Kent- oder einem Button-Down-Kragen vertragen. Der Kentkragen ist zudem gut für sehr markante Gesichter geeignet. Den Hals optisch strecken kann auch der Londonkragen.

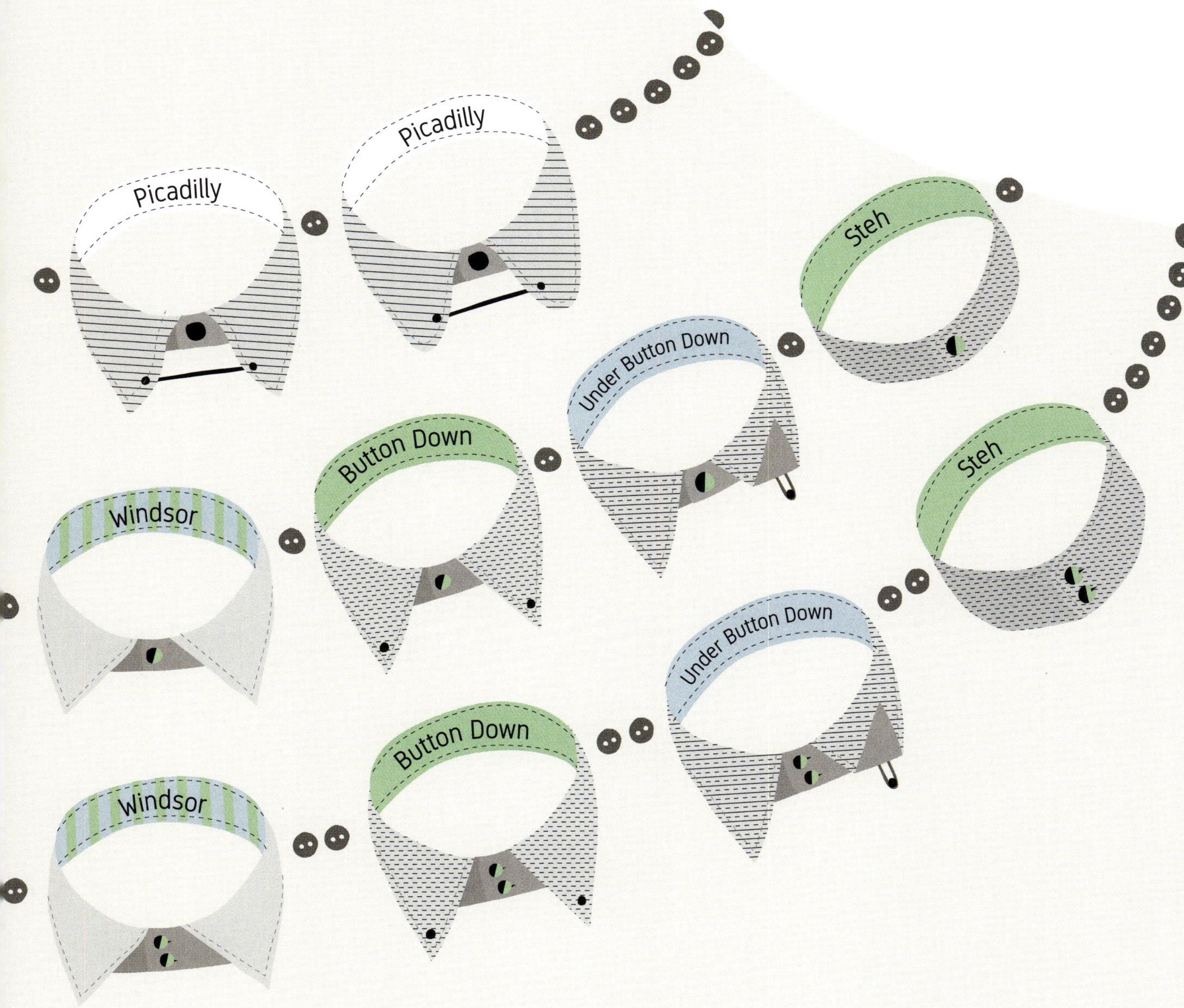

die Arzneimittelprüfung, bei der der Wirkstoff am gesunden Menschen getestet wird, um ein Arzneimittelbild zu erhalten. Letzteres gibt an, für welche Leiden das Mittel geeignet ist. Das dritte Prinzip schließlich ist die Potenzierung der Wirkstoffe, also ihre schrittweise Verdünnung. Den Grad der Verdünnung geben die Buchstaben und Zahlen im Arzneimittelnamen an.

Okoubaka Tropfen
(Rinde des Okoubakabaums)
Echinacea (Sonnenhut)
Valeriana officinalis (Baldrian)
Acidum hydrofluoricum (Flusssäure)
Sepia (Tintenfisch)
Tabletten
Chamomilla (Kamille)
Aranea (Schwarze Kreuzspinne)
Zincum metallicum (Zink)
D-Potenzen
Staphisagria (Stephanskorn)
Barium carbonicum (Bariumcarbonat)
Bufo rana (Erdkröte)
Fußabdruck
Kalium carbonicum (Pottasche)
Carbo Animalis (Tierkohle)
Acidum nitricum (Salpetersäure)
Allium cepa (Küchenzwiebel)
Calendula (Ringelblume)
Kraft
Ähnliches Leiden
Acidum picrinicum (Pikrinsäure)
Apisinum (Bienengift)
Carbo vegetabilis (Holzkohle)
China officinalis (Chinarinde)
Ähnlichkeitsregel
Antimonium crudum (Schwarzer Spießglanz)
Cantharis Vesicatoria (Spanische Fliege)
Acidum sulfuricum (Schwefelsäure)
M-Potenzen
Colchicum (Herbstzeitlose)
Rhododendron
Bellis perennis (Gänseblümchen)
Magnesium Chloratum (Magnesiumchlorid)
LM-Potenzen
Lachesis (Buschmeisterschlange)
Mercurius solubilis (Quecksilber)
Mandragora (Alraunenkraut)
Teucrium Marum Verum (Amberkraut)
Arnika
Ipecacuanha (Brechwurz)
Calcium fluoratum (Calciumfluorid)
Urtinktur
Ammonium bromatum (Ammoniumbromid)
Cactus (Königin der Nacht)
Equisetum (Schachtelhalm)
Aloe
Streukügelchen
Acidum formicicum (Ameisensäure)
Lycosa tarentula (Wolfsspinne)
Cinnabaris (Zinober)
Crataegus (Weissdorn)
Ferrum phosphoricum (Eisenphosphat)
Mephitis Putorius (Sekret des Stinktiers)
Urtica Urens (kleine Brennnessel)
Tabacum (Tabak)
Eucalyptus (Eukalyptus)
Dulcamara (Bittersüß)

Begriffe aus der Homöopathie

Inhaltsstoffe
- pflanzliche Herkunft
- tierische Herkunft
- Säuren
- Mineralien
- Metalle

VERDAMMT GUTER STOFF

JEANS VON A BIS Z

Die Jeans ist weltweit das beliebteste Kleidungsstück, und es gibt sie in unzähligen Passformen und Waschungen. Vor allem Letztere sollte man bei der Wahl seiner nächsten Jeans nicht ganz vernachlässigen, denn auch sie können beeinflussen, wie die Hose wirkt. Eine Jeans etwa, die am Gesäß oder außen an den Beinen heller gewaschen ist, betont etwas mehr Körperfülle an diesen Stellen besonders. Befinden sich die helleren Stellen hingegen in der Mitte der Beine, werden diese optisch verlängert – man wirkt quasi mit jedem Schritt schlanker!

…UNK
vorbehandelt, Stoff läuft beim Waschen kaum ein

PRE WASHED
vorgewaschener Stoff, kein späteres Einlaufen oder Veränderung der Farbe

RAW DENIM
Jeans-Ur-Material; unbehandelte Oberfläche, leichter Graustich, steifer Griff

RED SELVAGE
rote Webkante am äußeren Rand der Stoffbahn

…DENIM
…ffällige Aufnäher oder Aufdrucke

FINISHING
Schlussbehandlung der Jeans, Absengen von Fusseln & losen Fasern

REGULAR FIT
gerade geschnitten, die klassische Form; körperbetont, unter den Knien eher locker

FIT
Passform, verschiedene Jeansschnitte

REVERSE DENIM
linksseitig verarbeiteter Stoff

FIVE POCKET
Basic-Jeans mit 5 Taschen; die beliebteste & meistverkaufte Jeansform

…e Kontraste

AGED

FLAG
kleines, meist in die Gesäßtasche eingenähtes Label der Marke

RING DENIM
Denim mit Schussfäden aus unregelmäßig gesponnenem Ring-Spun-Garn

ANTI FIT
s. Baggy

ANTIK-DENIM

FRENCH CUT
„zweite Haut", sehr eng

AUTHENTIC

GREY FILLING
aus ungefärbten & gefärbten Baumwollfasern, mit Denim-Schussfaden

RING-RING DENIM
Schuss- und Kettfaden aus Ring-Spun-Garn gefertigt

BAGGY
sehr weit mit tiefhängendem Schritt

BARTACK
Nähte aus Riegelstichen für mehr Belastbarkeit

HANG TAB
Anhänger mit Infos zu Größe, Marke etc.

RING SPUN
unregelmäßig gesponnenes Garn, entsteht durch die Verwendung eines Rings beim Spinnen

BAUMWOLLE
Naturfaser, sehr weich, stabil, strapazierfähig

HEAVYWEIGHT DENIM
besonders schwere Denim-Ware 14 – 16 oz./m² für Wintersaison

BELL BOTTOM
sehr schmal, weiter Schlag

HIGH WAIST
sitzt über der Hüfte; Gegenstück zur Low Waist

RINSE WASHED
sehr dunkel, Stoff wird nicht gewaschen, sondern nur gespült

BELT LOOP
Gürtelschlaufe (eine Jeans hat fünf)

BLACK DENIM
aus schwarzem und weißem Garn

ICE WASHED
von Hellblau zu Weiß changierende Farbe

BLEACHED
gebleicht

RIPPED DENIM
durch Quereinschnitte ausgefranster Look

INCH
US-Maßeinheit, 1 Inch = 2,54 cm

BLUE DENIM
klassisch, gefärbt mit Indigo

BOMBER (WASHED)
zusätzlich aufgehellt an Oberschenkeln & Gesäß

INDIGO
dunkelblauer Farbstoff aus Blättern der Pflanze Indigofera

RIVET
kleine Metallnieten, verstärken die Jeans an besonders strapazierten Stellen

BOOT CUT
am Oberschenkel eng, an Knie & Unterschenkel weit

BRUSHED DENIM
weich und samtig bearbeiteter Denim

INSEAM
Innenbeinlänge, innen gemessen

RÖHRE
hauteng geschnitten, aus Stretch-Material, Vorgänger der Jeggings

BUTTON FLY
Knopfleiste

KAROTTE
nach unten hin enger, weit im Gesäß

KNEE PADS
Knieverstärkung, häufig als Flicken im Worker-Style der Cargo Pants

LEATHER TAG
Lederaufnäher an hochwertigen Jeans, hinten rechts am Bu…

SADDLE STITCH
sehr dicke Naht, ähnelt der Naht eines Sattels

SAND WASHED
weicher Griff durch Behandlung mit Sand

SCRUBBED DENIM
starke Rauhung, Gewebebild wird dabei fast unsichtbar

SCHUSSFADEN
querliegend Webf…

PASSFORM | WASCHUNG/LOOK | STOFF | SPEZIFISCHER BEGRIFF

KÜNSTLICHE ALTERUNG

- = SANDSTRAHLEN
- = SCHMIRGELN
- = BIMSSTEINE
- = WASCHEN
- = BLEICHMITTEL
- = ENZYME
- = CHLOR
- = MEHRMALIGES WASCHEN
- = STÄRKE

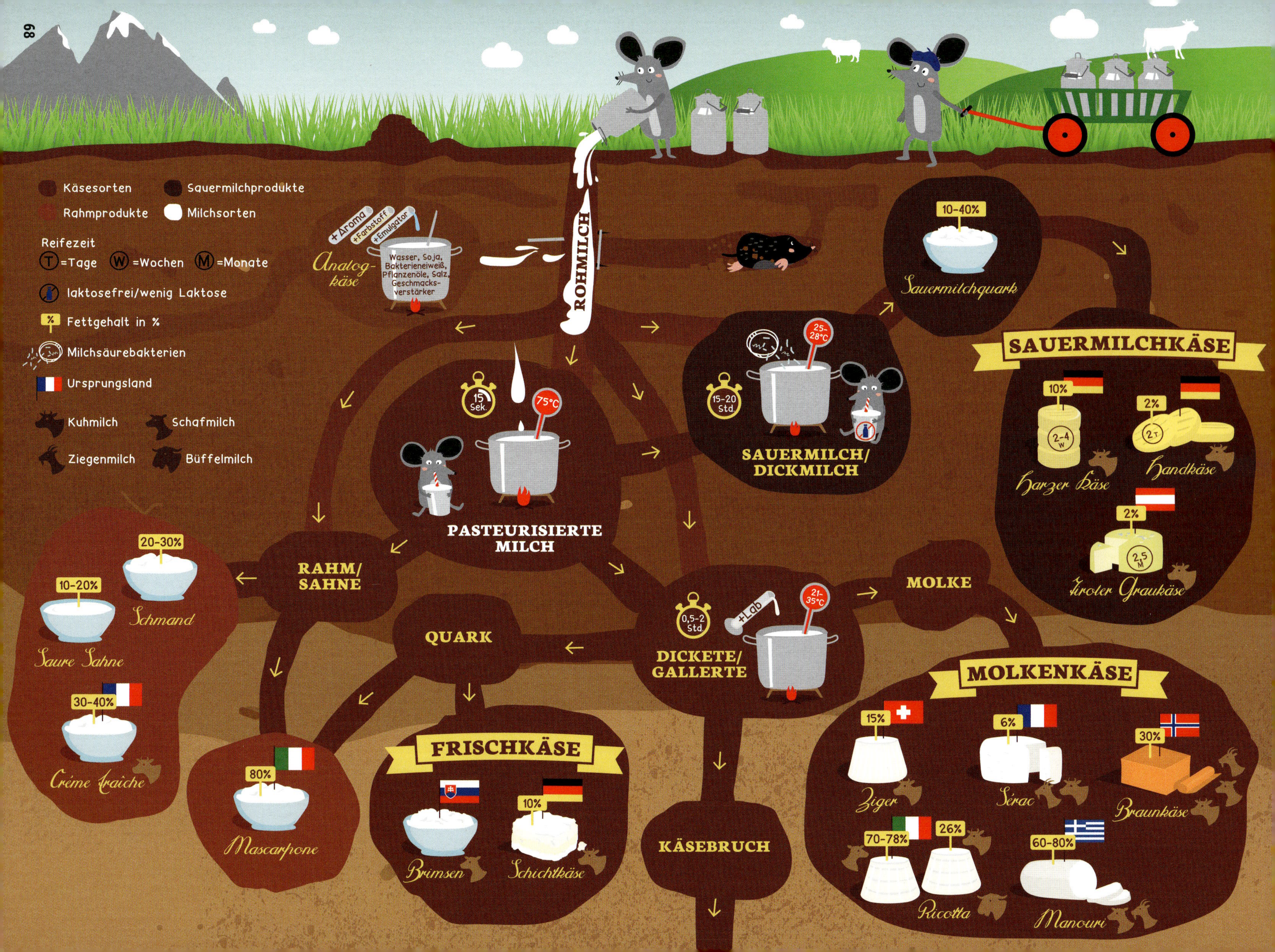
Käsesorten
Sauermilchprodukte
Rahmprodukte
Milchsorten
Reifezeit
T =Tage
W =Wochen
M =Monate
laktosefrei/wenig Laktose
Fettgehalt in %
Milchsäurebakterien
Ursprungsland
Kuhmilch
Schafmilch
Ziegenmilch
Büffelmilch
+Aroma
+Farbstoff
+Emulgator
Wasser, Soja, Bakterieneiweiß, Pflanzenöle, Salz, Geschmacks-verstärker
Analogkäse
ROHMILCH
15 Sek.
75°C
PASTEURISIERTE MILCH
15–20 Std.
25–28°C
SAUERMILCH/ DICKMILCH
10–40%
Sauermilchquark
SAUERMILCHKÄSE
10%
2–4 W
Harzer Käse
2%
2 T
Handkäse
2%
2,5 M
Tiroler Graukäse
RAHM/ SAHNE
20–30%
Schmand
10–20%
Saure Sahne
30–40%
Crème fraîche
80%
Mascarpone
QUARK
FRISCHKÄSE
Brimsen
10%
Schichtkäse
0,5–2 Std.
+Lab
21–35°C
DICKETE/ GALLERTE
MOLKE
KÄSEBRUCH
MOLKENKÄSE
15%
Ziger
6%
Sérac
30%
Braunkäse
70–78%
26%
Ricotta
60–80%
Manouri

Zum MÄUSE MELKEN

(FAST) ALLES ÜBER KÄSE

Wussten Sie, dass Käse nicht zwingend vegetarisch sein muss? Um aus Rohmilch Käse herzustellen, muss sie – meist nach dem Pasteurisieren – dickgelegt werden. Dies kann auf verschiedene Arten erreicht werden, je nach Verarbeitungsstadium. Dann wird mithilfe von Milchsäurebakterien Frischkäse und Sauermilch daraus gewonnen. Die Sauermilch wiederum machen die Enzyme Chymosin und Pepsin noch dicker – und diese werden hinzugefügt als sogenanntes Lab, das sich im Kälbermagen findet und mit dessen Hilfe das Kalb die Muttermilch verdaut. Dafür wird das Tier zwar nicht extra geschlachtet, aber man kann Lab nur aus dem Magen eines toten Kalbs nehmen; es ist also ein Nebenprodukt bei der Schlachtung. Ein ähnliches Gemisch wie Lab lässt sich aber auch im Labor mithilfe von Schimmelpilzen herstellen.

IN 80 TASSEN UM DIE WELT

Alles rund um Kaffee

Hochburg in Sachen Kaffeekultur ist Italien, hier wurden die meisten Spezialitäten „erfunden". Auch was den Konsum betrifft, ist Italien vorne dabei – dank Triest: Hier trinkt jeder Einwohner doppelt so viel Kaffee wie der Durchschnittsitaliener, nämlich 3,8 Tassen pro Tag. Die Kaffeekonsum-Weltspitze ist aber Finnland mit 4,1 Tassen pro Tag und Einwohner.

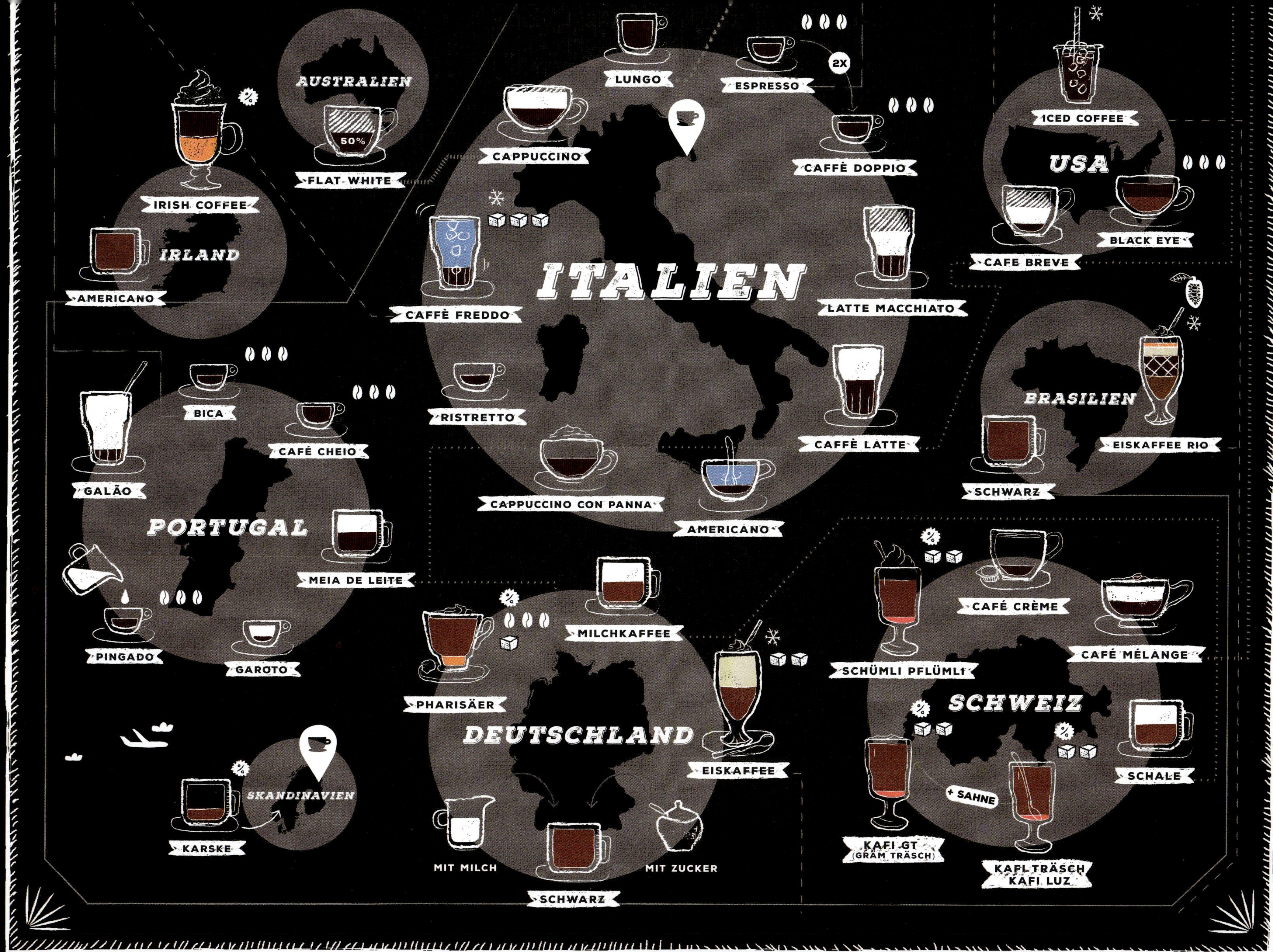

AUSTRALIEN
50%
FLAT WHITE
IRISH COFFEE
IRLAND
AMERICANO
LUNGO
ESPRESSO
2X
CAPPUCCINO
CAFFÈ DOPPIO
ITALIEN
CAFFÈ FREDDO
LATTE MACCHIATO
RISTRETTO
CAFFÈ LATTE
CAPPUCCINO CON PANNA
AMERICANO
USA
ICED COFFEE
CAFE BREVE
BLACK EYE
BRASILIEN
EISKAFFEE RIO
SCHWARZ
PORTUGAL
BICA
CAFÉ CHEIO
GALÃO
MEIA DE LEITE
PINGADO
GAROTO
DEUTSCHLAND
MILCHKAFFEE
PHARISÄER
EISKAFFEE
MIT MILCH
SCHWARZ
MIT ZUCKER
SKANDINAVIEN
KARSKE
SCHWEIZ
CAFÉ CRÈME
CAFÉ MÉLANGE
SCHÜMLI PFLÜMLI
SCHALE
+ SAHNE
KAFI GT
(GRÄM TRÄSCH)
KAFI TRÄSCH
KAFI LUZ

JETZT SCHLÄGT'S

13

KAMPFSPORT VS. KAMPFKUNST

Beim Kampfsport messen sich die Kämpfer in einem sportlichen Wettkampf. Dieser ist durch Regeln festgelegt und wird von einem Kampfrichter überwacht. Der Sieger des Wettkampfes wird meist durch ein Punktesystem festgestellt. Bei der Kampfkunst hingegen steht die Technik im Vordergrund, nicht der Wettbewerb. Durch das Erlernen und Perfektionieren von Bewegungsabläufen gelangt der Übende in die angestrebte Körper- und Geisteshaltung. Daher gibt es hier meist auch keine vorgeschriebene Kampfdauer.

RINGEN ÄGYPTEN/ANTIKE
2 x 3 Min.
KUNG FU CHINA
KENDO JAPAN
3-5 Min.
KARATE JAPAN
1 x 3 Min.
JUDO JAPAN
1 x 5 Min.
JIU JITSU JAPAN
FECHTEN FRANKREICH
9 Min.
KG
URSPRUNGSLAND
Kampfkunst
Kampfsport
Kampfzeit
die härteste Sportart der Welt
einer der ersten Wettbewerbe der Menschheit
die am häufigsten praktizierte Kampfkunst
TRAINIERT BESONDERS
Beweglichkeit
Ausdauer
Kraft
Schnelligkeit
Konzentrationsfähigkeit
waffenlos
mit Waffen

MASSNAHME

WAS PASST WO? KLEIDERGRÖSSEN IM ÜBERBLICK

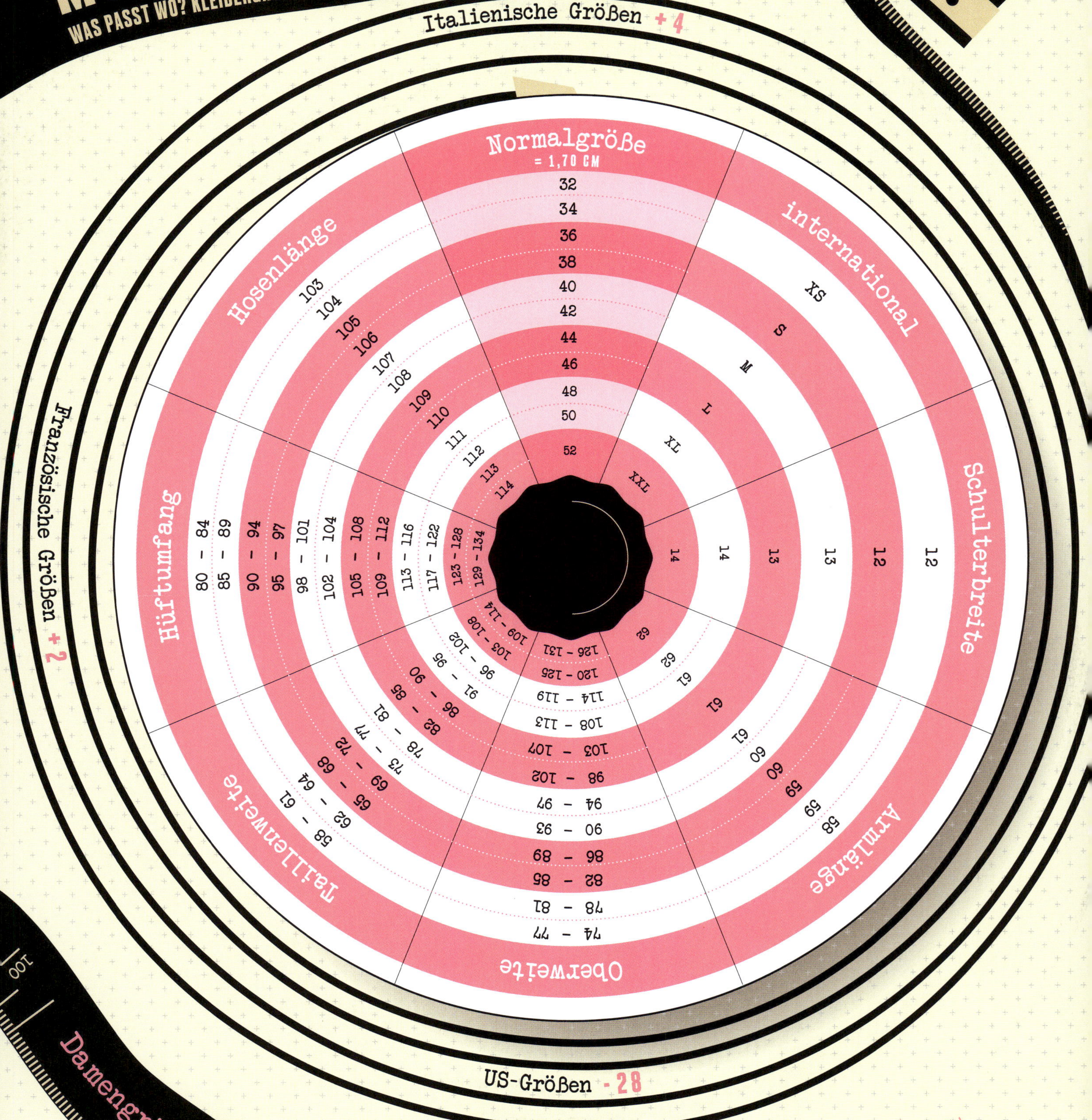

Damengrößen

Konfektionsgröße für Damen
Beispielrechnung*
Bei einem Brustumfang
von 88 cm gilt:
88 cm : 2 cm − 6 = 38

*nach EN 13402

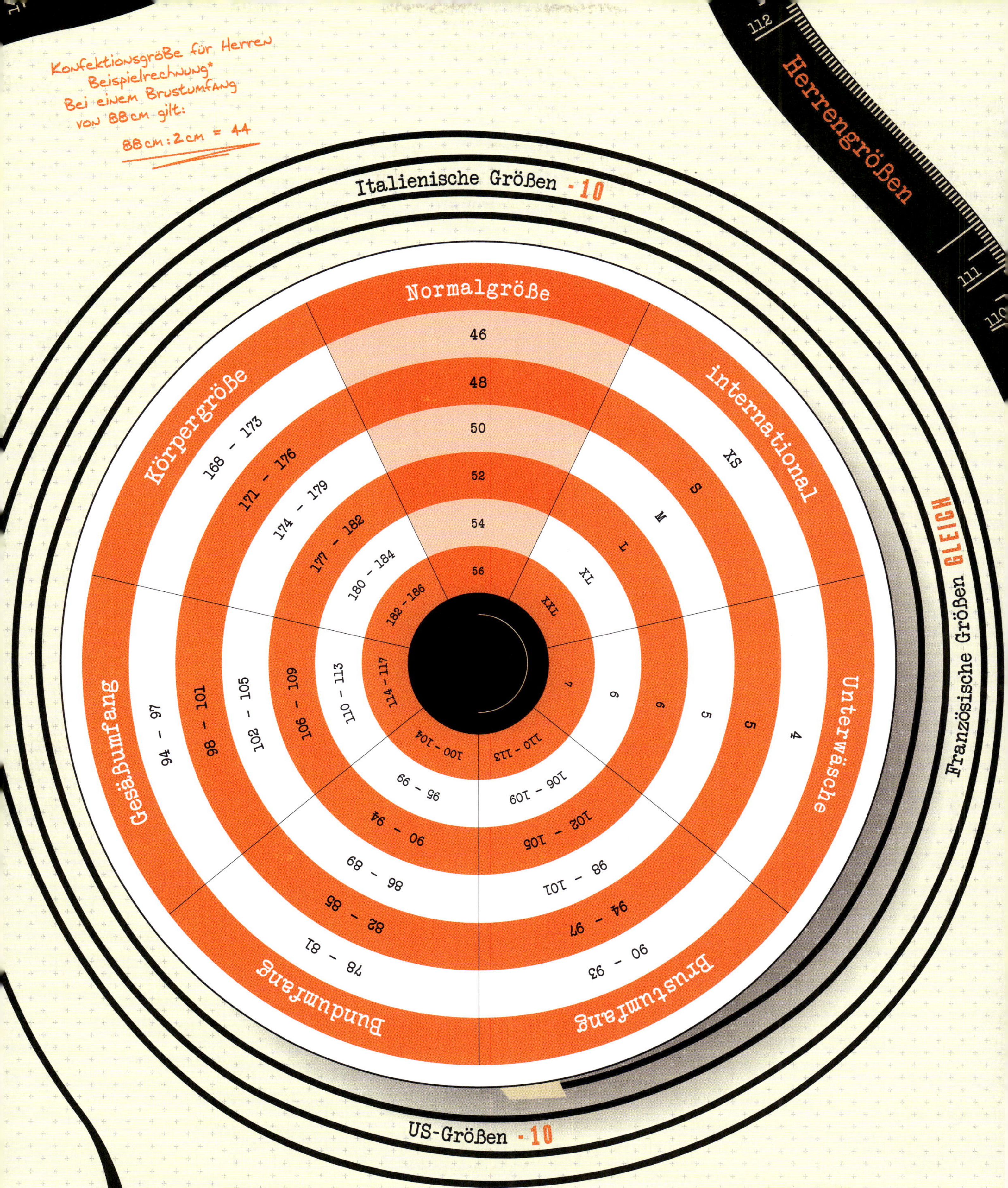

Derzeit werden die Konfektiongrößen in der Regel nach folgender Formel angegeben: Konfektionsgröße = Brustumfang geteilt durch 2 cm. Bei Frauen wird von diesem Wert noch 6 abgezogen. Da diese Festlegung aber nicht verbindlich ist, variieren die Konfektionsgrößen von Hersteller zu Hersteller – und von Land zu Land, was beim Shopping von italienischen oder französischen Marken bei den Damen der Schöpfung oft für lange Gesichter sorgt... Lieber schnell noch ein Paar Schuhe!

KÜCHEN-LATEIN

Alles rund ums Kochen

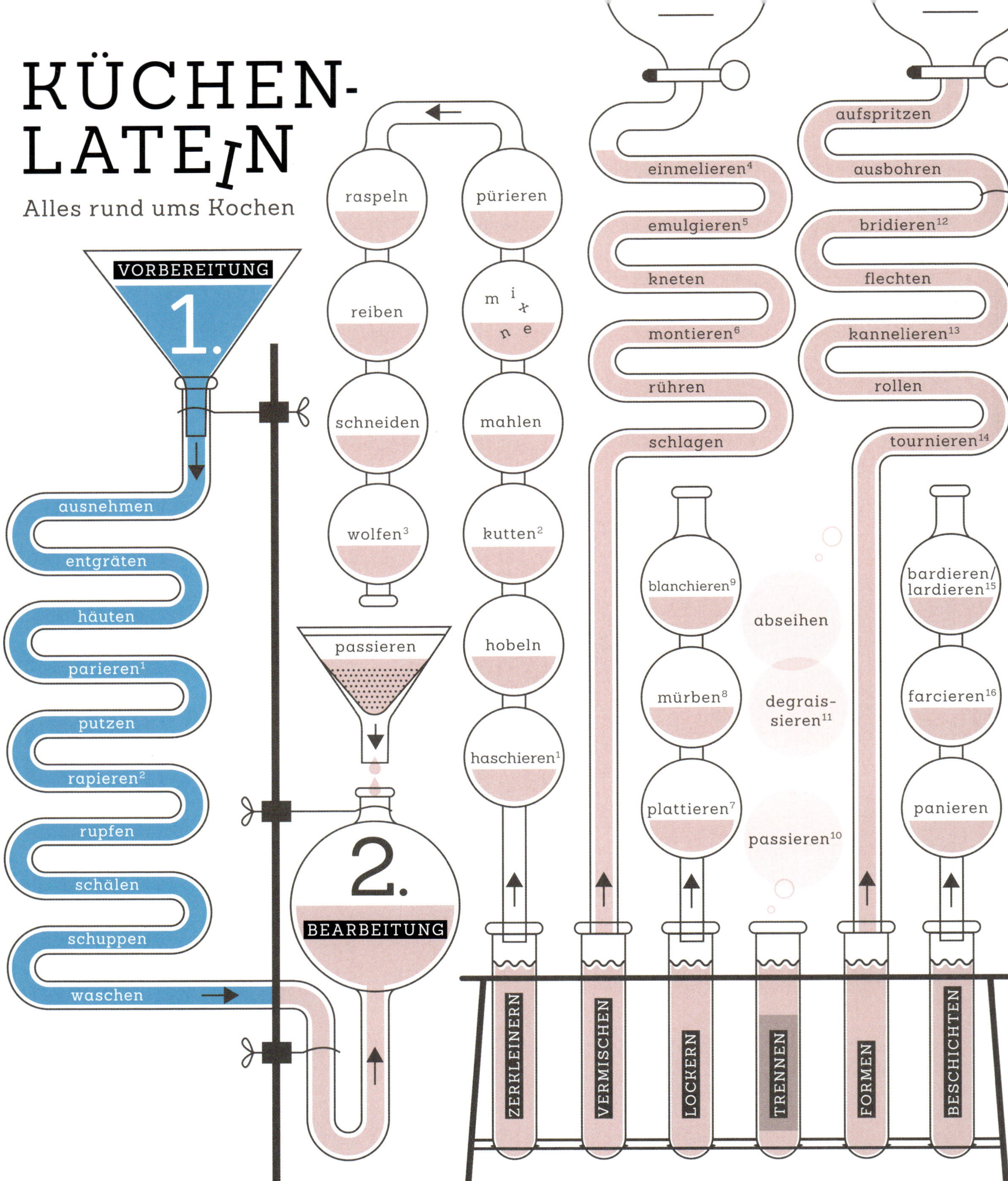

1. VORBEREITUNG alle Rohstoffteile entfernen, die nicht erwünscht sind: Schmutz, Wurzeln, welke Blätter, Kerngehäuse, Schalen, Häute, Sehnen, Federn, Gedärme etc.

1 parieren: Fleischstücke sauber zuschneiden, von Haut und Fett befreien | 2 rapieren: Fleisch von Haut und Sehnen abschaben

2. BEARBEITUNG alle Verfahren, mit denen ein Rohstoff verzehr- bzw. garfertig gemacht wird

1 haschieren: fein hacken | 2 kutten: zerkleinern | 3 wolfen: mahlen | 4 einmelieren: zwei Massen sorgfältig mischen | 5 emulgieren: eine Emulsion bilden | 6 montieren: Saucen mit Butter oder Sahne verfeinern | 7 plattieren: flachklopfen | 8 mürben: Struktur des Fleisches aufbrechen (Fleischklopfer) | 9 blanchieren: ab-, überbrühen | 10 passieren: durch ein Sieb treiben | 11 degraissieren: das Fett abschöpfen | 12 bridieren: die gewünschte Form geben | 13 kannelieren: mit senkrechten Rillen versehen | 14 tournieren: in einer bestimmten Form ausstechen | 16 bardieren/lardieren: mit Speckscheiben belegen, umwickeln | 15 farcieren: füllen

Wem diese „normale“ Kochkunst noch nicht hoch genug ist, der sollte sich an der sogenannten Molekularküche versuchen. Im Zentrum steht dabei die wissenschaftliche Neugier an den biochemischen Prozessen, die beim Kochen ablaufen, und an außergewöhnlichen chemischen Hilfsmitteln. Flüssiger Stickstoff beispielsweise wird gerne genutzt, um bei -196 Grad Celsius kulinarische Experimente zu wagen wie das Schockgefrieren von Eischnee-Nockerln.

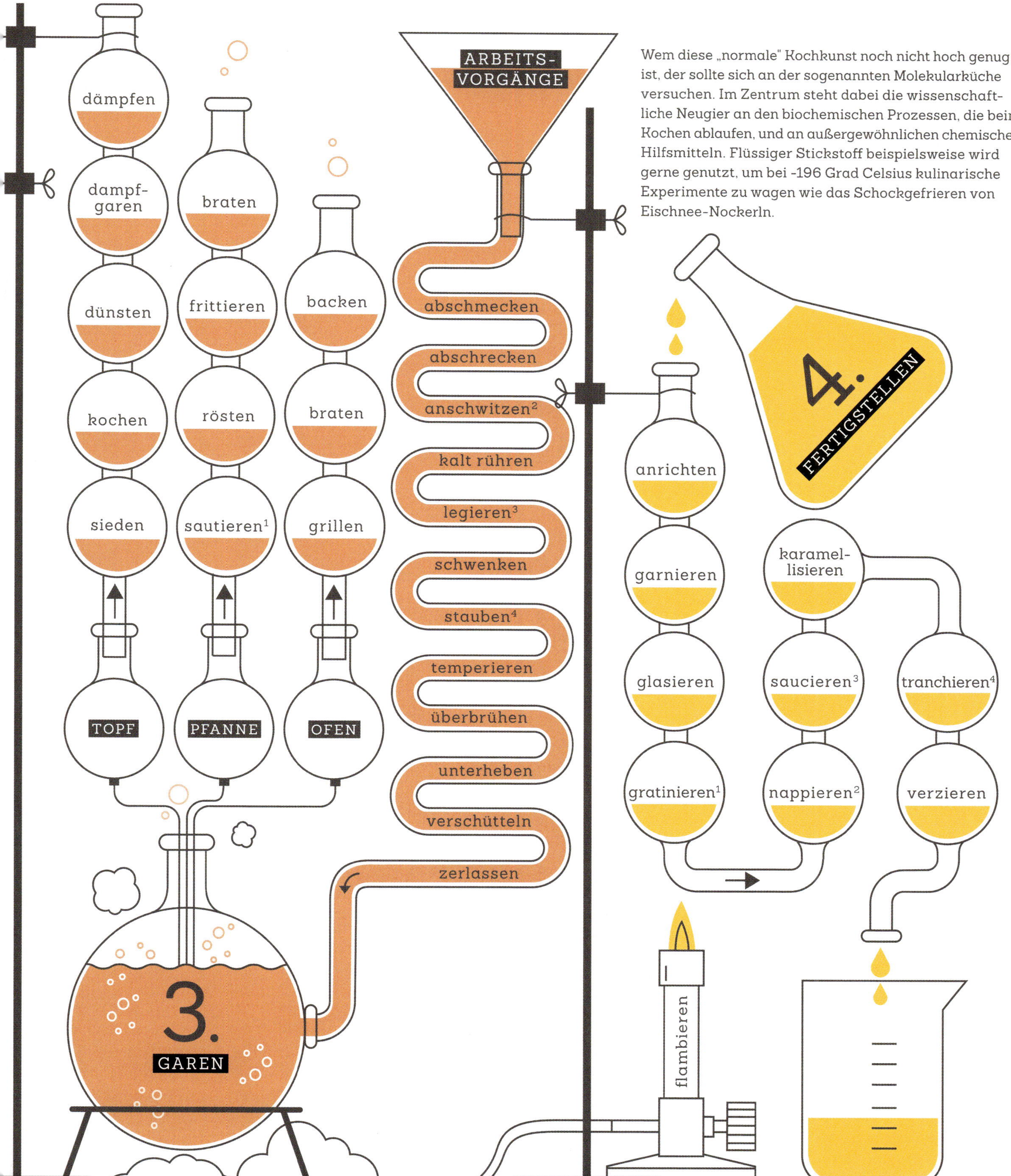

3. GAREN vorbereitete und bearbeitete Rohstoffe durch Hitzebehandlung zwischen 70 und 350 °C in verzehrfertige Speisen umwandeln

1 sautieren: kurz in frischem, heißem Fett schwenken | 2 anschwitzen: in heißem Fett leicht gelb werden lassen | 3 legieren: Suppen und Soßen mit Ei, Sahne oder Mehl eindicken | 4 stauben: Mehl, Curry, Staubzucker o.ä. in Saucen einrühren

4. FERTIGSTELLEN Aufwerten der Speisen, geschmacklich und optisch

1 gratinieren: überbacken, bis eine braune Kruste entsteht | 2 nappieren: Speise mit Sauce überziehen | 3 saucieren: Sauce unter oder neben die Speise geben | 4 tranchieren: einen Braten, Wild oder Geflügel kunstgerecht zerteilen, aufschneiden

So ein Theater!

Kulturstätten in Deutschland

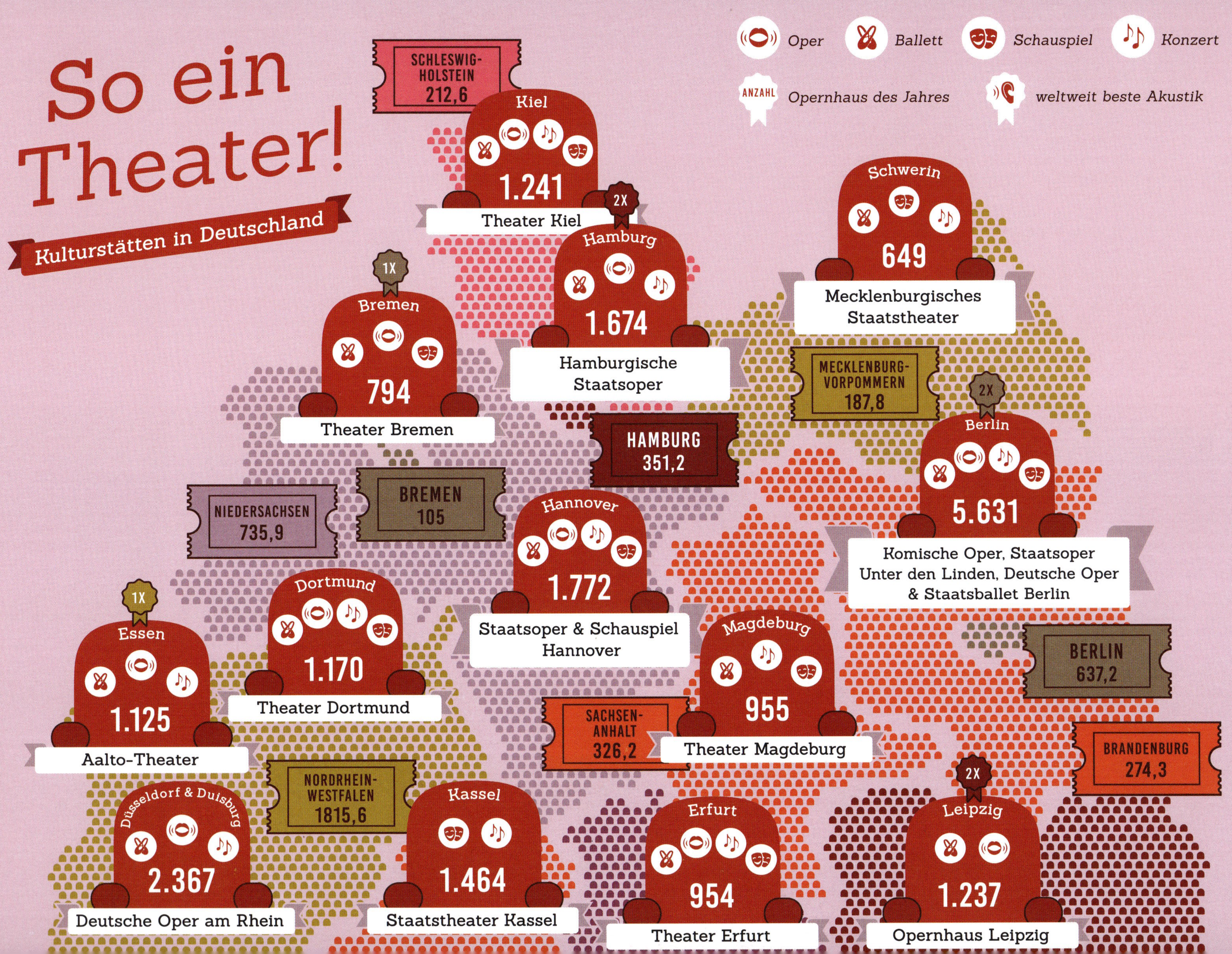

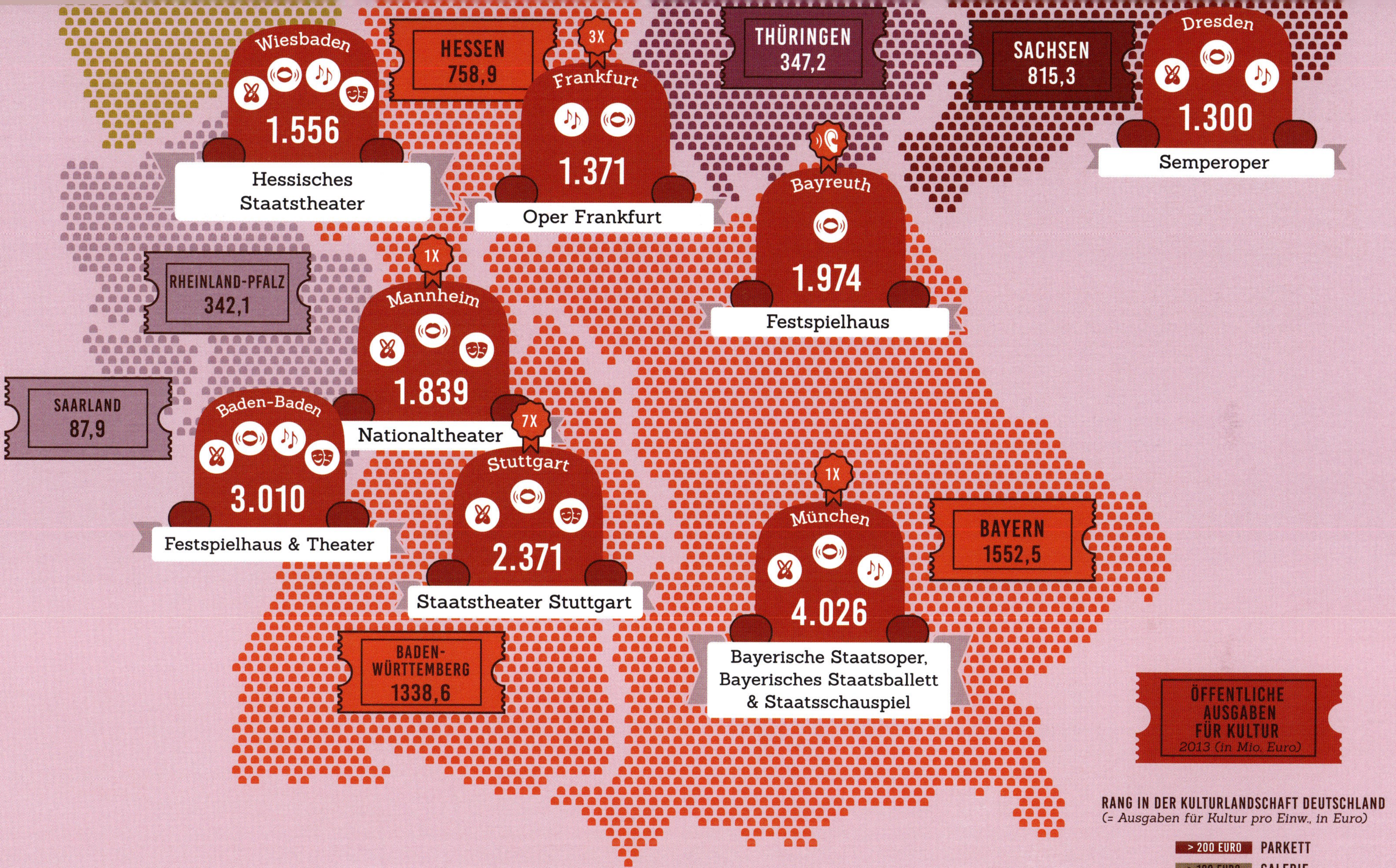

BÜHNE

Das Budget, das die Länder für Kultur ausgeben, variiert von Jahr zu Jahr; der Kulturfinanzbericht stellt im Abstand von einigen Jahren immer wieder dar, in welcher Höhe Ausgaben in diesem Bereich geplant und getätigt wurden. Dieses Geld fließt aber natürlich nicht nur in Theaterhäuser und Opern, sondern wird auch zum Beispiel für Bibliotheken, Museen, Kunsthochschulen, Denkmalpflege und Bildungseinrichtungen verwendet.

Basilikum

- Fisch, Geflügel, Kalb, Lamm, Gemüse Tomaten, Nudeln, Saucen, Pesto
- appetitanregend, verdauungsfördernd, hustenstillend, antibakteriell
- Sommer
- trocknen, einfrieren

Oregano

Sizilianischer

Griechischer

- Fleisch, Fisch, Suppen, Saucen, Pizza, Gemüse, Kartoffeln, Salate
- appetitanregend, antiseptisch, stoffwechselanregend, krampflösend
- Frühjahr bis Herbst
- trocknen

Spitzwegerich

- Wildkräutersalat, Pesto, Quark, grüne Smoothies
- antiviral, reizlindernd, hustenstillend, antiseptisch
- Tee, Hustensaft
- Frühjahr bis Herbst
- trocknen

Bärlauch

- Pesto, Salate, Quark, Suppen, Fisch, Kartoffeln, helle Saucen
- verdauungsfördernd, cholesterinsenkend, durchblutungsfördernd
- Frühjahr
- einfrieren

Hals-balsam

Thymian

2001

- Fisch, Wild, Lamm, Geflügel, Hülsenfrüchte, Kartoffeln
- antibakteriell, verdauungsfördernd, hustenreizlindernd
- ganzjährig
- trocknen, einfrieren

Salbei

- Fisch, Wild, Geflügel, Pasteten, Salate, Saucen
- gesunde Mundflora, antibakteriell, entzündungshemmend, hustenstillend, konzentrationsfördernd
- ganzjährig
- trocknen

Schnittlauch

- Quark, Salate, Saucen, Suppen, Rührei, Kartoffeln
- antibakteriell, appetitanregend, stoffwechselfördernd
- Frühjahr bis Herbst
- einfrieren

1/2

3x

Super-Power-Zaubertrank

Petersilie

- Salate, Suppen, Fisch, Fleisch, Quark, Pesto
- harntreibend, gegen Sodbrennen, gegen Mundgeruch

250 ml

2 Teelöffel Blüten

Keep calm and carry on

Primel

- Salate, Eintöpfe (Blätter), Desserts, Obstsalate (Blüten)
- hustenstillend, beruhigend
- Frühjahr

Hustenkiller

Majoran

- Fleisch, Eintöpfe, Kartoffeln, Hülsenfrüchte
- hustenstillend, verdauungsfördernd, antibakteriell
- Sommer bis Herbst
- trocknen

Lavendel

2003

- Fisch, Fleisch, Saucen, Suppen, Salate, Marmelade
- beruhigend, krampflösend, desinfizierend, wundheilend
- Sommer
- trocknen

Rosmarin

2000

- Lamm, Wild, Gemüse, Suppen, Saucen, Marinaden
- durchblutungsfördernd, anregend, antiseptisch, antioxidativ
- ganzjährig
- trocknen

⚠ Nicht alle Primelarten sind genießbar, die bekannte Becherprimel ist giftig!

kann mitgekocht werden
kurz vor dem Servieren zugeben
sehr aromatisch
Jahr Heilpflanze des Jahres
Verwendung in der Küche
heilende Wirkung
Erntezeit (Freilandanbau)
Konservierung/Lagerung
Lauchgewächse
Korbblütler
Lippenblütler
Rivalen im Kochtopf
Kräutermischungen
Wunderelixier
Grünes für den Zaubertrank
Gesundes aus der Natur
Löwenzahn
Salate, Suppen, Gemüse, Eier, Pesto, Honig, Gelee
Magen-Darm-Beschwerden, Leber- und Gallenbeschwerden
Frühjahr
Estragon
Geflügel, Fisch, Eier, Saucen, Marinaden, Salate
appetitanregend, harntreibend, verdauungsfördernd
Frühsommer
trocknen, einfrieren
Baldrian
Tee, Suppen, Eintöpfe (Wurzel)
beruhigend, konzentrationsfördernd, entspannend, schlaffördernd
Herbst (Wurzeln), Sommer (Blüten)
trocknen
Dill
Fisch, Gurken
Magen-Darm-Beschwerden, appetitanregend
Frühjahr bis Sommer
Energiesalz
4 Esslöffel Samen
100 g
Fleur de sel
1996
Brennnessel
Suppen, Gemüse, Salate, Pesto
Harnwegsentzündungen, Prostatabeschwerden, Rheuma
Frühjahr bis Sommer (Kraut), Frühherbst (Samen)
trocknen, einfrieren
Italienische Kräuter
Toskanische Kräuter
Fines herbes
Kräuter der Provence
Originalrezepte für die traditionellen Kräutermischungen gibt es nicht: Sie sind einfach im Laufe der Zeit entstanden, meist in der Region, die sie im Namen tragen. Bei ihrer Verwendung in der Küche ist vor allem das Verhalten der verschiedenen Kräuter im Kochtopf zu beachten. Basilikum etwa, ein Muss in einer Mischung „Italienische Kräuter", sollte nicht mitgekocht werden, weil er sonst an Aroma und wertvollen Inhaltstoffen verliert. Oregano hingegen, einer der anderen üblichen Verdächtigen in diesem (Kräuter-)Bunde, entfaltet sein Aroma erst, wenn er im heißen Topf schmoren durfte.

Binde-gewebe

Alles über die beliebtesten Krawattenknoten

Die Geburtsstunde der Krawatte lässt sich etwa auf das Jahr 1660 datieren. Damals warb Louis XIV kroatische Söldner für seine Armee an. Als diese in seinem Palast eintrafen, trugen sie ein weißes Stück Stoff am Kragen, welches die Form einer Rosette hatte; die Enden hingen beidseits über die Brust hinunter. Dieses Accessoire fand alsbald Eingang in die französische Mode und von da aus trat die „croatta" ihren Siegeszug durch den Rest der Welt an.

Trageanlass

Freizeit · Abendgarderobe · Büro / Job · Besondere Anlässe

Schwierigkeitsgrad

leicht · mittel · schwer

KLAUEN *pflege*

Maniküre und Pediküre im Detail

Eine besondere Methode für Fußpflege ist die sogenannte „Fischpediküre“: Dabei werden die Füße eine halbe Stunde in warmes Wasser getaucht, in dem Kangalfische schwimmen. Die etwa 5 cm großen Tiere knabbern die abgestorbenen Hautschüppchen ab, zurück bleiben samtig weiche Füße. Die Fische, die natürlicherweise in Thermalquellen mit etwa 35 Grad warmem Wasser vorkommen, werden schon lange zu therapeutischen Zwecken eingesetzt, weshalb sie auch Doktorfische genannt werden.

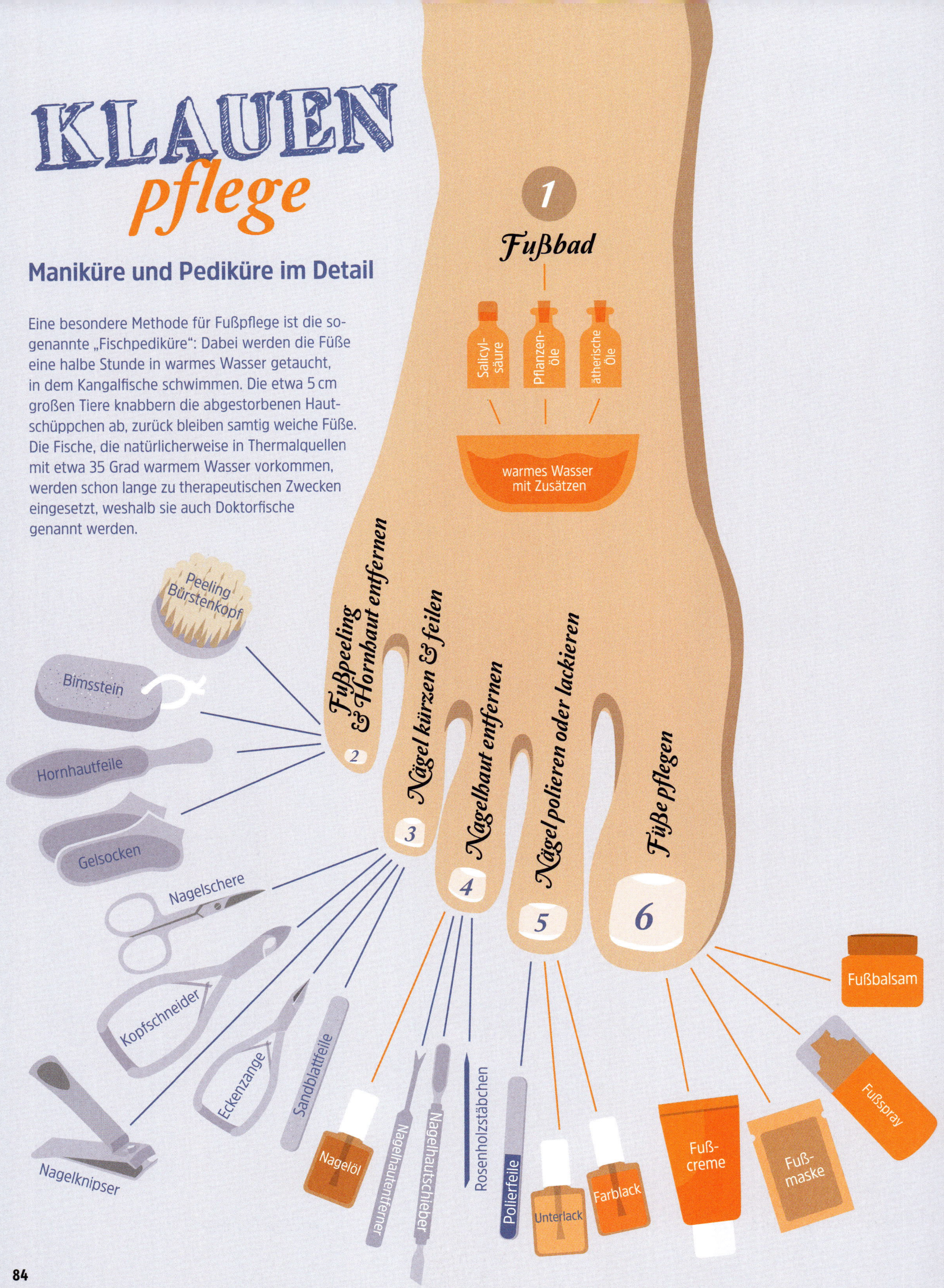

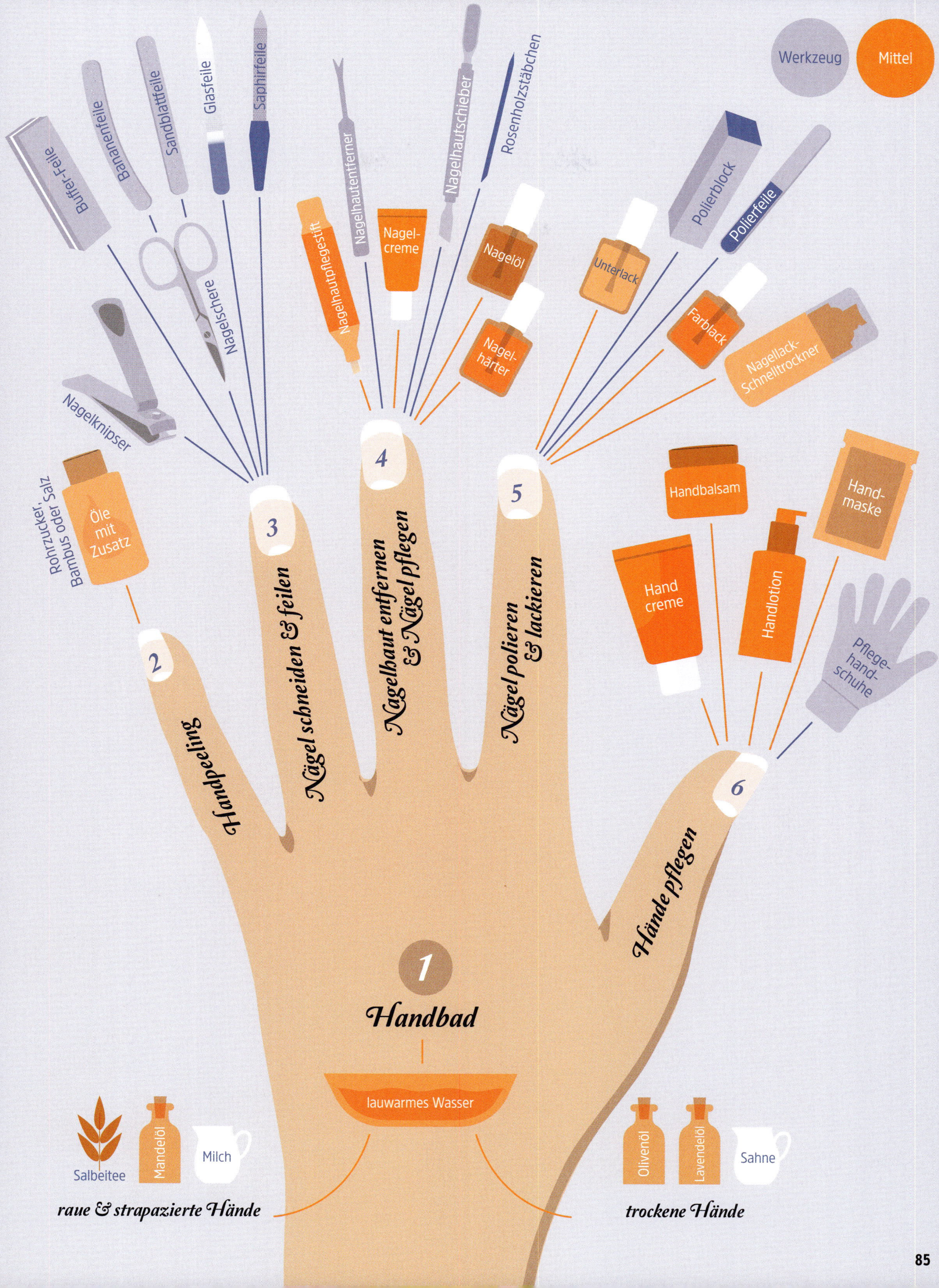

Werkzeug
Mittel
Buffer-Feile
Bananenfeile
Sandblattfeile
Glasfeile
Saphirfeile
Nagelschere
Nagelknipser
Nagelhautentferner
Nagelhautpflegestift
Nagel-creme
Nagelhautschieber
Rosenholzstäbchen
Nagelöl
Nagel-härter
Unterlack
Polierblock
Polierfeile
Farblack
Nagellack-Schnelltrockner
Rohrzucker, Bambus oder Salz
Öle mit Zusatz
1
Handbad
2
Handpeeling
3
Nägel schneiden & feilen
4
Nagelhaut entfernen & Nägel pflegen
5
Nägel polieren & lackieren
6
Hände pflegen
Handbalsam
Hand-maske
Hand creme
Handlotion
Pflege-hand-schuhe
lauwarmes Wasser
Salbeitee
Mandelöl
Milch
raue & strapazierte Hände
Olivenöl
Lavendelöl
Sahne
trockene Hände

FERNÖSTLICHE TRADITION

MÖGE DIE ERLEUCHTUNG MIT DIR SEIN

VERSCHIEDENE MEDITATIONSTECHNIKEN

In Zeiten der Achtsamkeitsbewegung stehen in aller Welt auch althergebrachte Meditationstechniken wieder hoch im Kurs. Und dass der mentale Zustand, den all die Techniken in der Grafik – und noch zig andere mehr – zum Ziel haben, körperliche Veränderungen bewirkt, ist nachweisbar. Bei neurologischen Untersuchungen wurden im meditativen Zustand veränderte Hirnwellen gemessen, sogar den Cholesterinspiegel soll Meditation senken können. Auch eine Verlangsamung des Herzschlags, eine tiefere Atmung und die Entspannung von Muskeln konnten beobachtet werden – alles Anzeichen, dass der Stress abfällt.

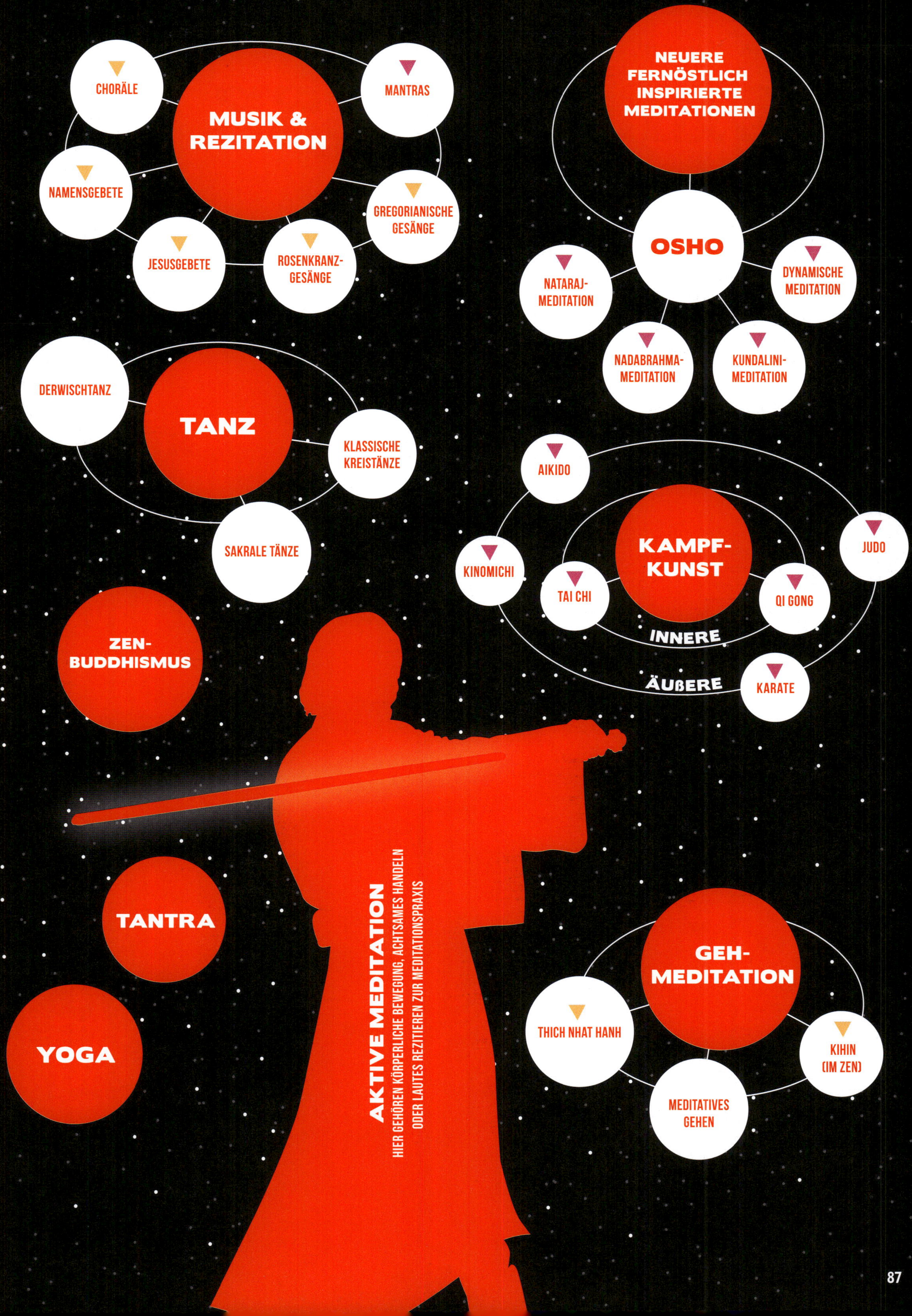
MUSIK & REZITATION
CHORÄLE
MANTRAS
NAMENSGEBETE
GREGORIANISCHE GESÄNGE
JESUSGEBETE
ROSENKRANZ-GESÄNGE
NEUERE FERNÖSTLICH INSPIRIERTE MEDITATIONEN
OSHO
NATARAJ-MEDITATION
DYNAMISCHE MEDITATION
NADABRAHMA-MEDITATION
KUNDALINI-MEDITATION
TANZ
DERWISCHTANZ
KLASSISCHE KREISTÄNZE
SAKRALE TÄNZE
KAMPF-KUNST
AIKIDO
JUDO
KINOMICHI
TAI CHI
QI GONG
INNERE
ÄUßERE
KARATE
ZEN-BUDDHISMUS
TANTRA
YOGA
AKTIVE MEDITATION
HIER GEHÖREN KÖRPERLICHE BEWEGUNG, ACHTSAMES HANDELN ODER LAUTES REZITIEREN ZUR MEDITATIONSPRAXIS
GEH-MEDITATION
THICH NHAT HANH
KIHIN (IM ZEN)
MEDITATIVES GEHEN

VOLL AUF DIE ~~NÜSSE~~ Birne

OBST, GEMÜSE, NÜSSE UND IHRE MINERALSTOFFE

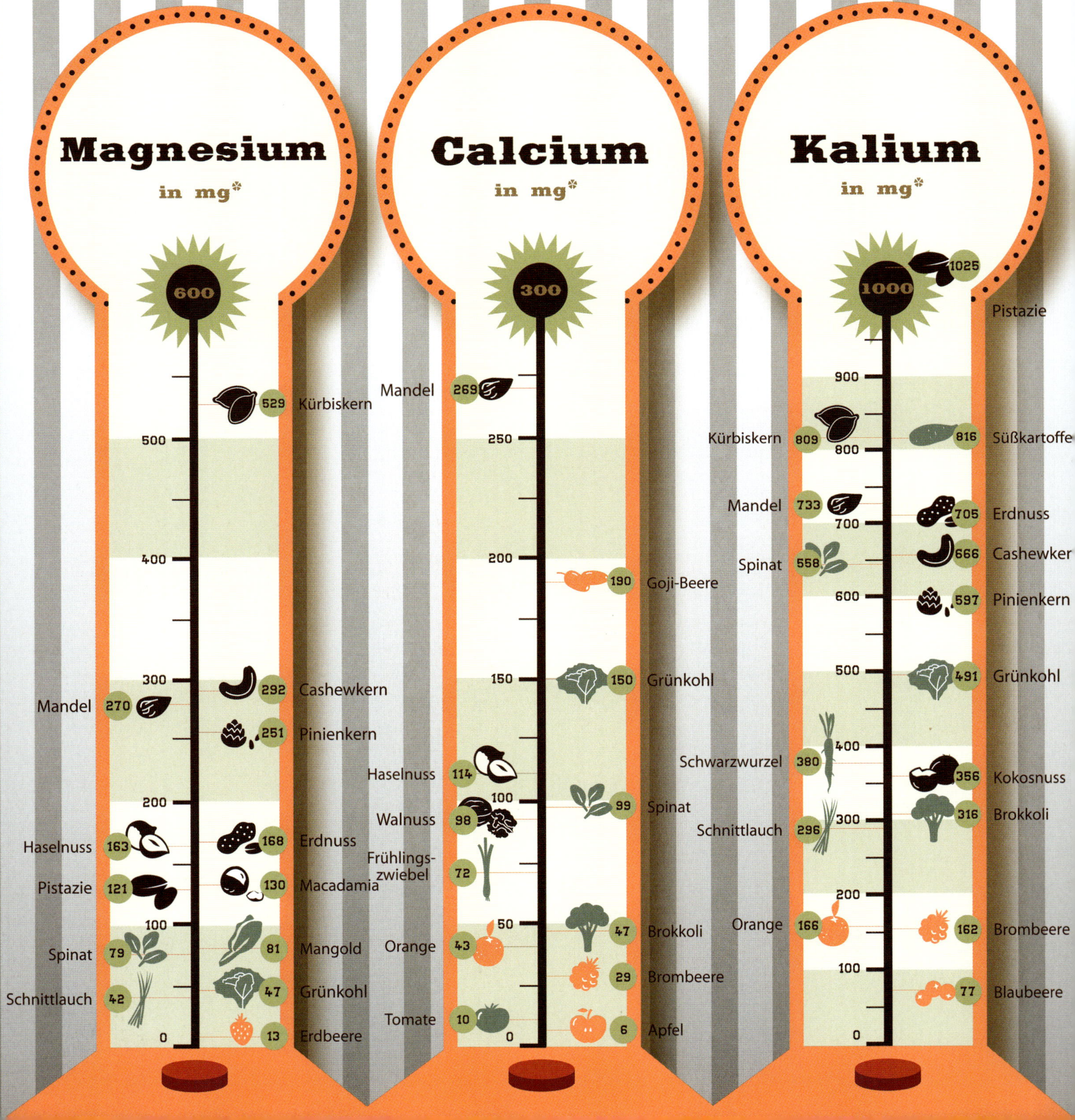

Viele Obst-, Gemüse- und Nusssorten enthalten Mineralstoffe, ohne die unser Körper nicht voll funktionsfähig ist, die er jedoch selbst nicht herstellen kann. Die fünf wichtigsten und ihr jeweiliges Vorkommen in den verschiedenen Sorten zeigt die Grafik. Der Tagesbedarf variiert natürlich von Individuum zu Individuum je nach Alter, Körpergewicht, Geschlecht, Beanspruchung und allgemeinem Gesundheitszustand. Für einen Erwachsenen zwischen 25 und 50 Jahren kann man folgende Durchschnittswerte zugrunde legen:

- Magnesium: 300 bis 400 g
- Calcium: 1 g
- Kalium: 2 g
- Natrium: 0,55 g
- Phosphor: 0,7 g

Ernten, was man SÄT

Wann ist was zu tun?

Der ach so hippe Trend des Urban Gardening hat eigentlich einen sehr pragmatischen Ursprung, der in der Mitte des 19. Jahrhunderts zu finden ist: Damals war frisches Gemüse weitgehend der Landbevölkerung vorbehalten. Die langen Transportstrecken in die Städte konnten nicht vor dem Verderb der frischen Güter zurückgelegt werden – der Bedarf an vitaminreicher Nahrung musste daher in der Stadt selbst gedeckt werden.

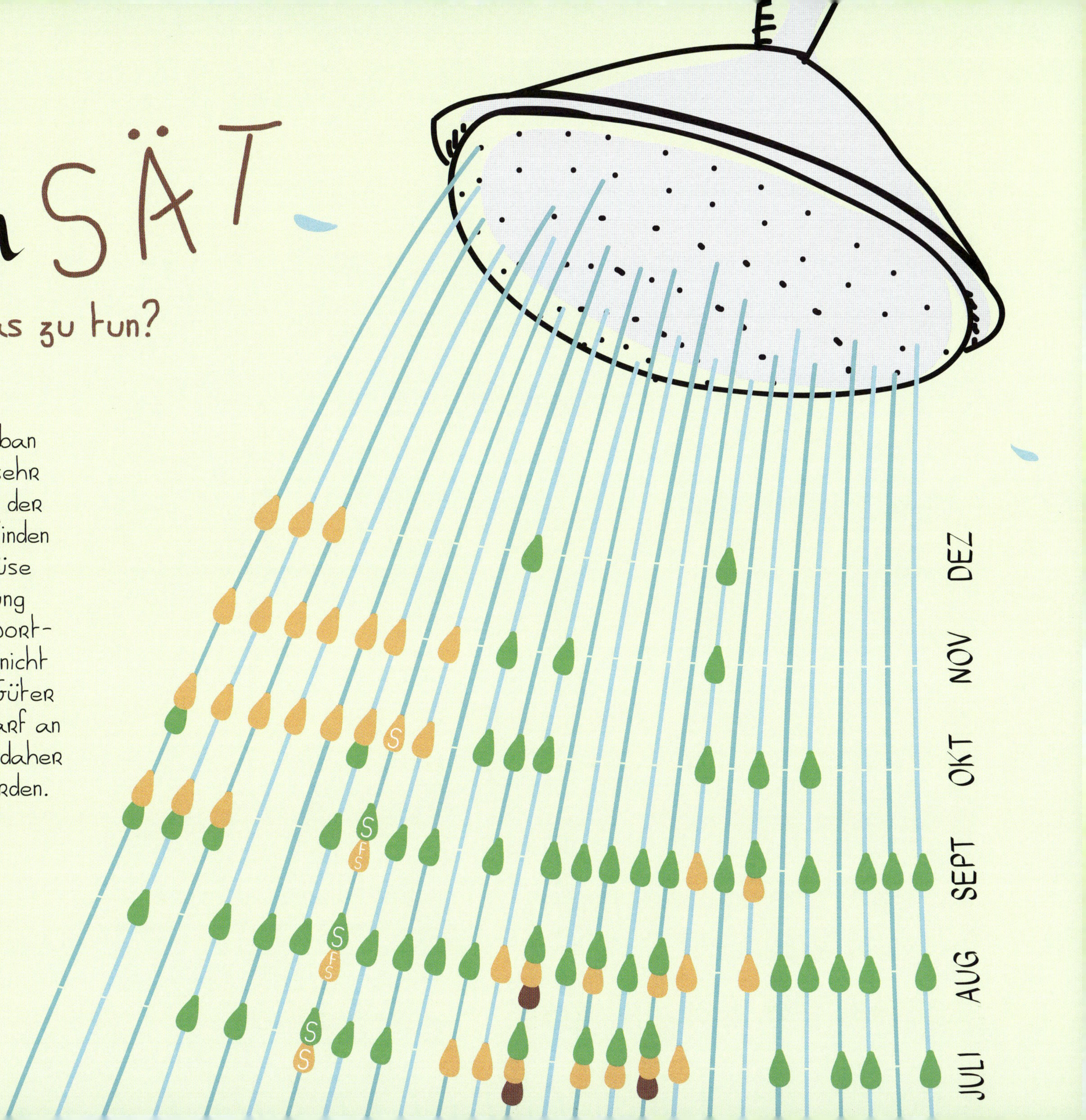

Anzuchtzeit
Pflanzzeit
Erntezeit (sortenabhängig)
F = Frühblüher
S = Spätblüher
Im Freiland:
wenig gießen
regelmäßig gießen
viel gießen
nur bei Bedarf gießen
auch im Kübel
ÄPFEL (Elstar)
BIRNEN (Williams Christ)
PFLAUMEN
KIRSCHEN
JOHANNISBEEREN
HIMBEEREN
ERDBEEREN
HEIDELBEEREN
(Steck-) ZWIEBELN
PORREE
KOHLRABI
GRÜNKOHL
BROKKOLI
MÖHREN
RADIESCHEN
ROTE BETE
BLATTSALAT
FELDSALAT
MANGOLD
SPINAT
ERBSEN
TOMATEN
PAPRIKA
GURKEN
KÜRBIS
ZUCCHINI
JAN
FEB
MÄRZ
APRIL
MAI
JUNI

Lockstoffe

Die Welt des Parfüms

Die Stadt Grasse in der französischen Provence gilt als Welthauptstadt des Parfüms. Im Gegensatz zu den Umweltbedingungen und damit den Beweggründen, sich einzunebeln, haben sich die Herstellungsmethoden und Qualitätsstandards seit der Anfangszeit der Parfümherstellung im 18. Jahrhundert nur wenig geändert: Durch Wasserdampf-Destillation und das Enfleurage-Verfahren wird den Blütenblättern ihr Duft entzogen; die so gewonnenen ätherischen Öle werden dann weiterverarbeitet. Man kann sich hier auch seinen ganz persönlichen Duft zusammenstellen lassen.

Zitrus
Hespéridée
würzig: Zimt, Muskat, Amber, Pfeffer, Gewürznelken
aromatisch: Rosmarin, Minze, Majoran, Thymian
moschusartig: Moschus, Lavendel, Patchouli
holzig: Tabak, Zedernholz, Eichenmoos, Tonkabohne
blumig-zyprisch: Rosenholz, Sandelholz, Zedernholz, Veilchen, Jasmin, Tuberose, Grünes Moos
Farn
Fougère
blumig-amber: Amber, Lavendel, Geranien, Gewürznelke, Thymian
fruchtig: Aprikose, Apfel, Pfirsich, Labdanum, Eichenmoos, Patchouli
süß-amber: Jasmin, Magnolie, Koriander, Moschus, Vanille, Tonkabohne
aromatisch: Zitrone, Grapefruit, Koriander, Muskat, Beifuß, Rosmarin
würzig: Gewürznelke, Lorbeer, Grapefruit, Patchouli, Pfeffer, Guajakholz
Leder
Cuir
blumig: Freesie, Leder, Kardamom, Sandelholz, Ananas, Jasmin
Tabak: Guajakholz, Lavendel, Tabak, Rose, Eichenmoos, Basilikum
Holzig
Boisée
grün: Pinie, Basilikum, Eichenmoos, Wacholderbeere, Zeder, Nelke
zitrisch: Zitrone, Tanne, Bergamotte, Kiefer, Lavendel
moschusartig: Zeder, Jasmin, Moschus, Honig, Amber, Leder
würzig: Pfeffer, Muskat, Gewürznelke, Anis, Amber, Patchouli
fruchtig: Blutorange, Styrax, Grapefruit, Pfefferminze, Zimt, Rose
Amber: Labdanum, Patchouli, Sandelholz, Zistrose, Kumarin, Vanille
frisch: Zitrone, Bergamotte, Sandelholz, Thymian, Zeder, Amber
würzig-ledrig: Orange, Castoreum, Wacholder, Patchouli, Leder, Birke
aromatisch: Lavendel, Myrte, Thymian, Beifuß, Rosmarin, Salbei

DIE TEMPEL-SPORTLER

BELIEBTE PILATES-ÜBUNGEN

POWER

BESSERE KÖRPER-WAHRNEHMUNG

FLACHER BAUCH UND SCHLANKE TAILLE

STARKER UND GESUNDER RÜCKEN

KONZENTRATION

Arm Circles

aufrecht stehen, Arme seitlich ausstrecken, kreisende, größerwerdende Bewegungen

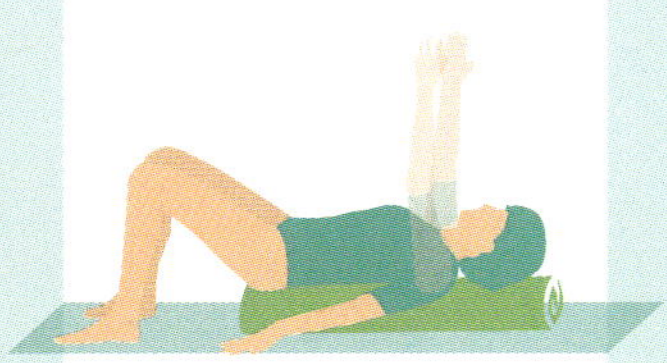

Scapula Isolation

auf einer Rolle liegend, Beine angewinkelt, Arme seitlich ablegen, Arme über dem Körper zusammenführen

Die Aufmerksamkeit ist ganz auf den Bewegungsablauf und die Vorgänge im Körper gerichtet.

ATMUNG

Hundred

auf dem Rücken liegend, Beine in der Table-Top-Position, Arme mit Handrücken nach oben gestreckt vom Boden heben, Kopf leicht anheben, Arme kräftig ein paar Mal nach unten pushen, dabei ausatmen, Beine vom Körper weg strecken, und die Arme wieder ein paar Mal nach unten pushen

Half Roll Back

sitzend, Hände um die angewinkelten Beine legen, langsam zurückrollen und wieder aufrichten, nicht ablegen

Scissors

auf dem Rücken liegend, Beine im 90°-Winkel ausstrecken und Kopf etwas anheben, Beine abwechselnd scherenartig auf und ab bewegen, Beine dabei nicht ablegen

Die Geschwindigkeit der Bewegungsabläufe wird durch den Atemfluss bestimmt.

ZENTRIERUNG

Breast Stroke

auf dem Bauch liegend, Arme ausstrecken und nach hinten parallel zum Körper ziehen, dabei Brustkorb von der Matte abheben

Swimming

auf dem Bauch liegend, Arme und Beine ausgestreckt von der Matte abheben, im Wechsel jeweils gegenüberliegendes Arm und Bein nach oben ziehen, schnelle kurze Bewegungen

Die Kraft aus der Mitte (jap. „Hara") ist eines der wichtigsten Pilates-Prinzipien.

Beim Pilates ist das sogenannte Powerhouse eine der zentralen Vorstellungen. Das Powerhouse befindet sich demnach im Zentrum des Körpers und ist dort zuständig sowohl für dessen Stabilität als auch für seine Mobilität. Es umfasst die Tiefenmuskulatur in Bauch, Beckenboden und unterem Rücken. Nur wer sein Powerhouse kontrolliert, kann alle Bewegungen gesund und körpergerecht ausführen und damit das Ziel der Pilates-Übungen erreichen: eine aufrechte und bewegliche Haltung.

HOUSE

SCHÖNE ARME, BRUST UND SCHULTERN

Spine Twist

aufrecht sitzend, Rücken gerade, Beine ausgestreckt, Arme seitlich abgestreckt, langsam drehen, bis ein Arm über den Füßen ist, der Bewegung mit dem Kopf folgen

Cleopatra

seitlich abgestützt sitzend, den Arm ausgestreckt über den Kopf bewegen, Rumpf von der Matte abheben

Side Bend

aufrecht stehend, Arme seitlich am Körper, im Wechsel einen Arm in Richtung Boden ziehen, bis leichte Dehnung spürbar

PRÄZISION

Der präzise Bewegungsablauf ist die Voraussetzung für den Erfolg der Pilates-Methode.

SCHLANKE BEINE, FESTER PO

Side Kicks

auf einem Knie mit einem Arm abstützen, Bein ausgestreckt, andere Hand stabilisierend hinter den Kopf, nun ausgestrecktes Bein „kickend" vor und zurück bewegen

Double Leg Stretch

auf dem Rücken liegend, Beine im 90°-Winkel, Hände seitlich an den Knien, dann Beine und Arme ausstrecken, „ein flaches U bilden"

KONTROLLE

Der Geist kontrolliert die Bewegungen des Körpers, der Atmung und seiner selbst.

GESCHMEIDIGE MUSKELN UND FLEXIBLE GELENKE

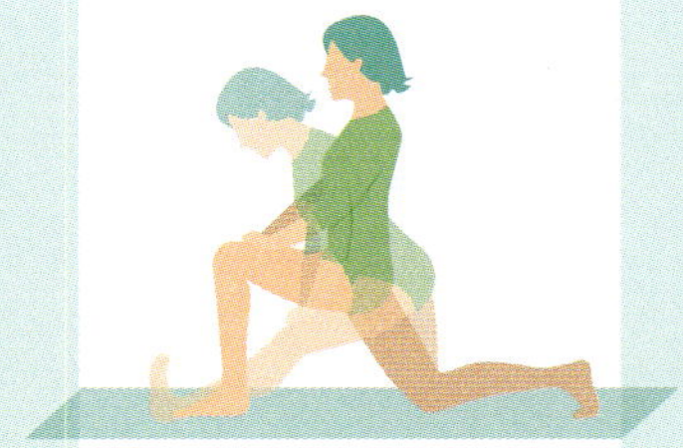

Lunging Thigh Stretch

kniend, ein Bein aufgestellt, beide Hände stützen sich auf das aufgestellte Bein, dieses durchdrücken, Oberkörper geht dabei nach vorne

Dumb Waiter

im Schneidersitz, Arme im 90°-Winkel nach vorne, Handflächen nach oben, gleichzeitig langsam zur Seite bewegen

Open Leg Rocker

auf dem Boden sitzend, Rücken leicht zurückgelehnt, Beine angewinkelt, Hände an den Knöcheln, dann Beine ausstrecken und ein „V" bilden

FLIEßENDE BEWEGUNG

Langsame, fließende Bewegungen beugen nicht nur Verletzungen vor, sondern beruhigen auch das Nervensystem.

Abgestaubt!

Wirksame Putzmittel und ihre Anwendungsgebiete

Putzmittel sind was Feines, lassen sie doch oft sehr schnell alles wieder blitzen und strahlen. Das Blöde ist nur, dass diese Mittel nicht unterscheiden können zwischen Schmutz, den sie entfernen sollen, und den Hautzellen des Menschen. Schuld daran ist neben aggressiven Inhaltsstoffen, die schon in geringen Mengen die Haut schädigen können, auch der ph-Wert: Bei einem Wert von über oder unter 5,5 wird der Säureschutzmantel der Haut angegriffen. Daher am besten immer Gummihandschuhe tragen – auch bei alternativen Putzmitteln, denn auch die Natur bringt Stoffe hervor, mit denen unsere Haut bei direktem Kontakt nicht zurecht kommt.

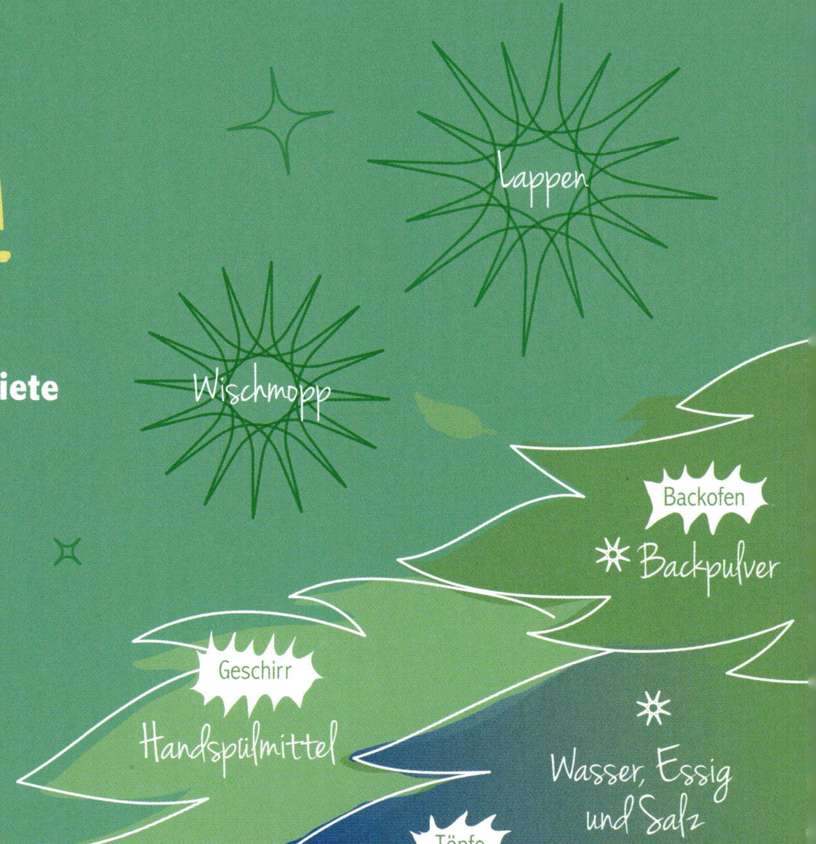

WC
Backpulver
WC
WC-Reiniger
Eimer
Zitronensäure
Fliesen
Fliesen
Aktivschaum
Backofen
Backofen-Aktiv-Gel
Anti-Kalk-Stift
Armaturen
Zitronensäure
Armaturen
Töpfe
Edelstahlreiniger
Stahlwolle
Glasreiniger
Spiegel
Spiegel
Wanne/Dusche
Wasser und Essig
oder Zitronensaft
Acrylreiniger
und -pflege
Kalklöser
Kalk
Schmierseife,
Natriumcarbonat,
Wasser
Fett
Wanne/
Dusche
Glanzreiniger
Fugenreiniger
Fliesenfugen
Fett
Waschsoda
Schimmel
Backpulver
und Wasser
Schimmel
Schimmel-Hygiene-
Reiniger
Fliesenfugen
Mikrofasertuch
Glas
Glasreiniger
Kühlschrank-Hygiene-
Reiniger
Kühlschrank
Mischung
Hilfsmittel
Bad
Fenster
konventionelle Putzmittel
Küche
Boden
alternative Putzmittel

Alles dufte(t)!

Beliebte Methoden zur Raumbeduftung

Gerüche wirken direkt auf unser Unterbewusstsein, können Gefühle steuern und Erinnerungen auslösen. Auf diese Erkenntnis setzt das sogenannte „Duftmarketing“: Um Kunden in Kauflaune zu versetzen oder eine Marke mit einem bestimmten Geruch zu verbinden, werden ausgewählte Düfte dem Ventilationssystem von Supermärkten, Boutiquen oder anderen Läden beigemischt. In den USA ist dieses Vorgehen mittlerweile flächendeckend gängige Praxis, in Deutschland hingegen findet man bislang nur vereinzelt Fälle dieser "Zwangsbeduftung".

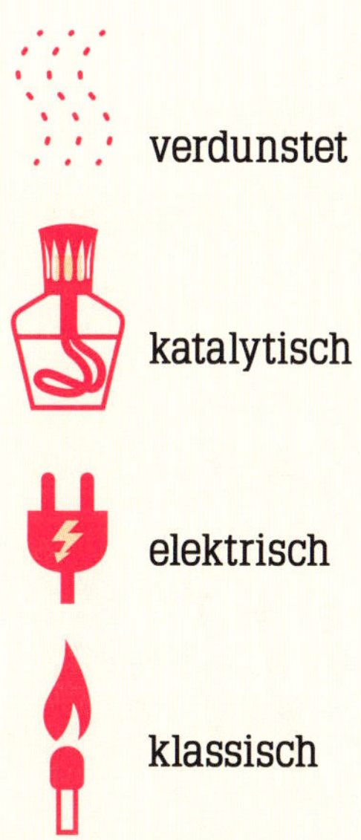

Im Kreis gedreht

Die Kategorien der Mülltrennung im Überblick

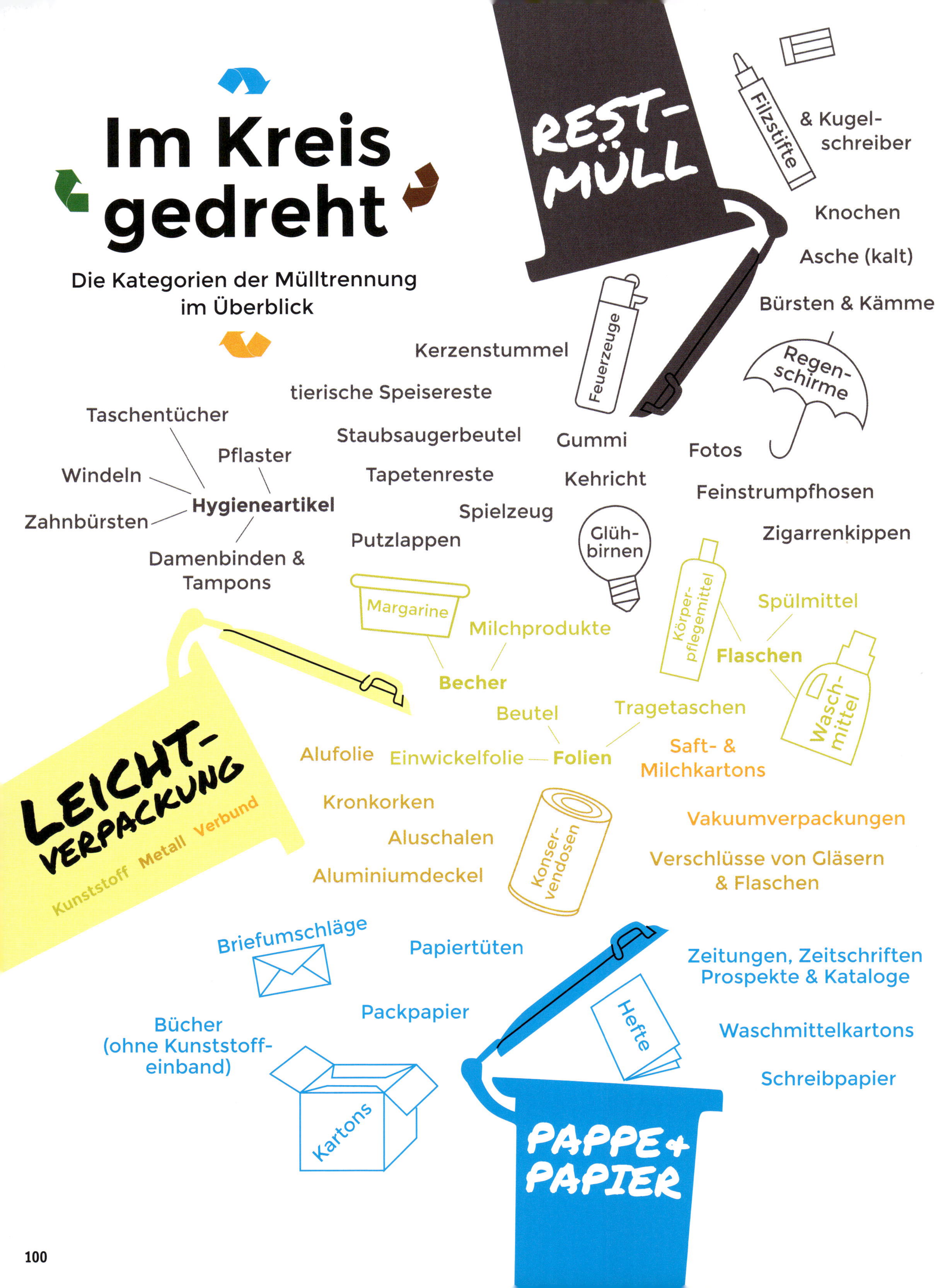

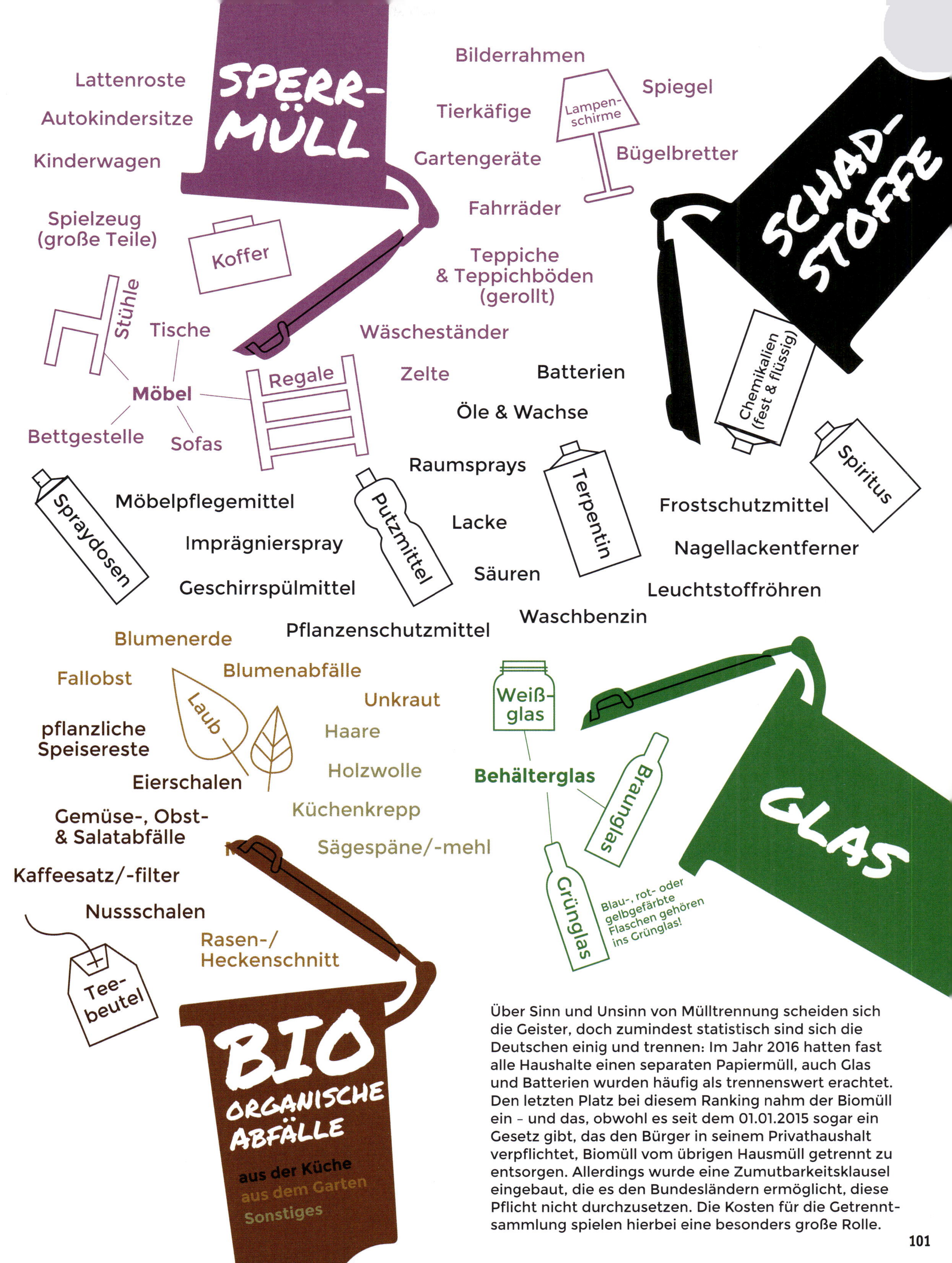

Über Sinn und Unsinn von Mülltrennung scheiden sich die Geister, doch zumindest statistisch sind sich die Deutschen einig und trennen: Im Jahr 2016 hatten fast alle Haushalte einen separaten Papiermüll, auch Glas und Batterien wurden häufig als trennenswert erachtet. Den letzten Platz bei diesem Ranking nahm der Biomüll ein – und das, obwohl es seit dem 01.01.2015 sogar ein Gesetz gibt, das den Bürger in seinem Privathaushalt verpflichtet, Biomüll vom übrigen Hausmüll getrennt zu entsorgen. Allerdings wurde eine Zumutbarkeitsklausel eingebaut, die es den Bundesländern ermöglicht, diese Pflicht nicht durchzusetzen. Die Kosten für die Getrenntsammlung spielen hierbei eine besonders große Rolle.

HAND MIT & FUSS

Die wichtigsten Punkte für die Reflexzonenmassage

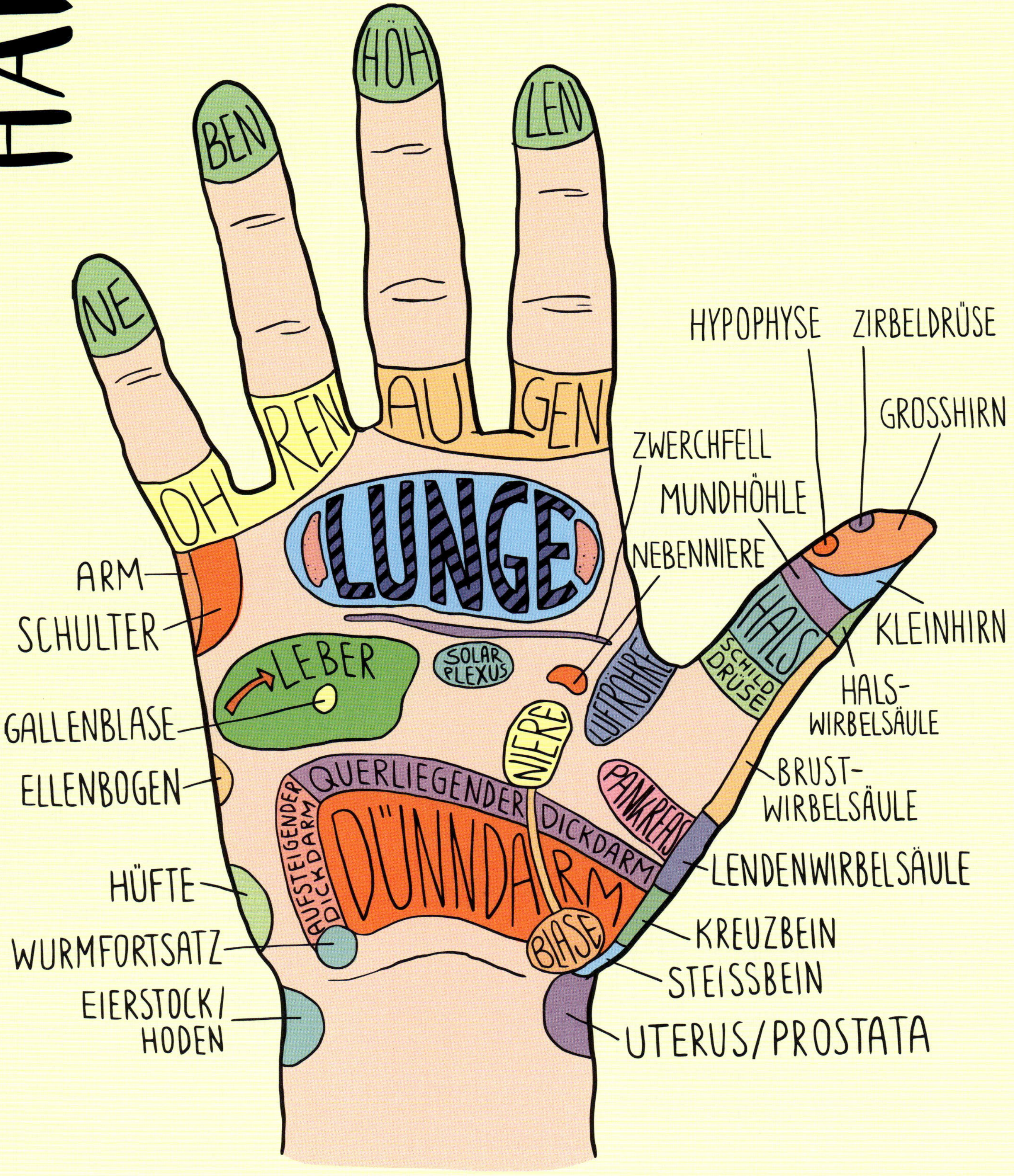

HAND RECHTS

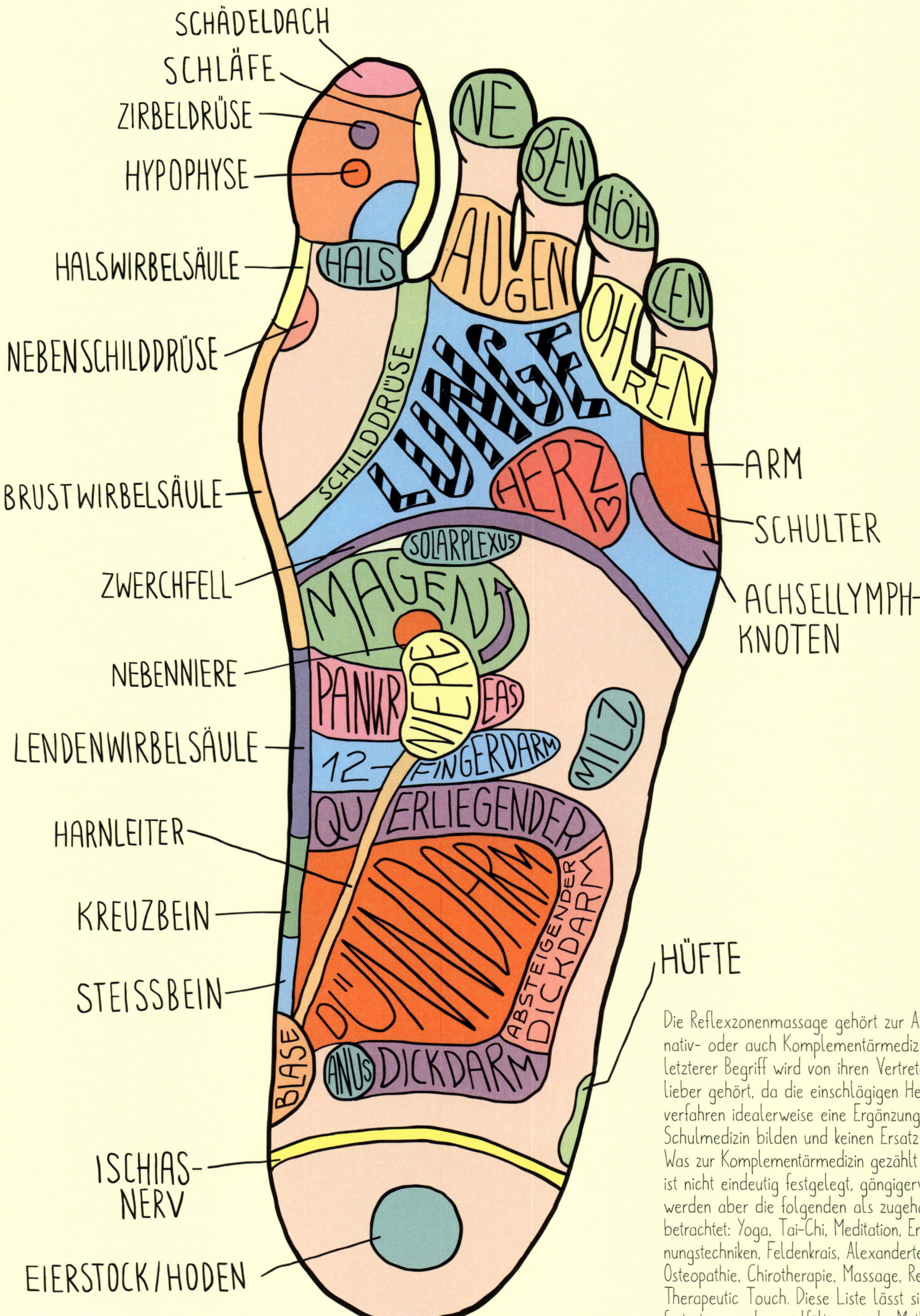

FUSS LINKS

Die Reflexzonenmassage gehört zur Alternativ- oder auch Komplementärmedizin, letzterer Begriff wird von ihren Vertretern lieber gehört, da die einschlägigen Heilverfahren idealerweise eine Ergänzung zur Schulmedizin bilden und keinen Ersatz. Was zur Komplementärmedizin gezählt wird, ist nicht eindeutig festgelegt, gängigerweise werden aber die folgenden als zugehörig betrachtet: Yoga, Tai-Chi, Meditation, Entspannungstechniken, Feldenkrais, Alexandertechnik, Osteopathie, Chirotherapie, Massage, Reiki, Therapeutic Touch. Diese Liste lässt sich fortsetzen, und so vielfältig wie die Methoden sind auch die Meinungen über Wirksamkeit, Sinn und Unsinn der Komplementärmedizin.

Mermaid-Rock
Godetrock
Stufenrock
Mermaid-Rock
Lagenrock
Zigeunerrock
Plisseerock
Faltenrock
Wickelrock
Faltenrock
Bahnenrock
Bahnenrock
Minirock
Faltenrock
Drapierter Rock
Rohrrock
Bahnenrock
Tellerrock
Bleistiftrock
Ballonrock
Tulpenrock
Stufenrock
Supermini
oberschenkellang
Supermini
kniefrei
Mini
knieumspielend
Ladymini
Asymmetrischer Rock
Stufenrock
Drapierter Rock
Bleistiftrock
Godetrock
Wickelrock
Glockenrock
Asymmetrischer Rock
Tellerrock
Rohrrock
Stufenrock
Bleistiftrock

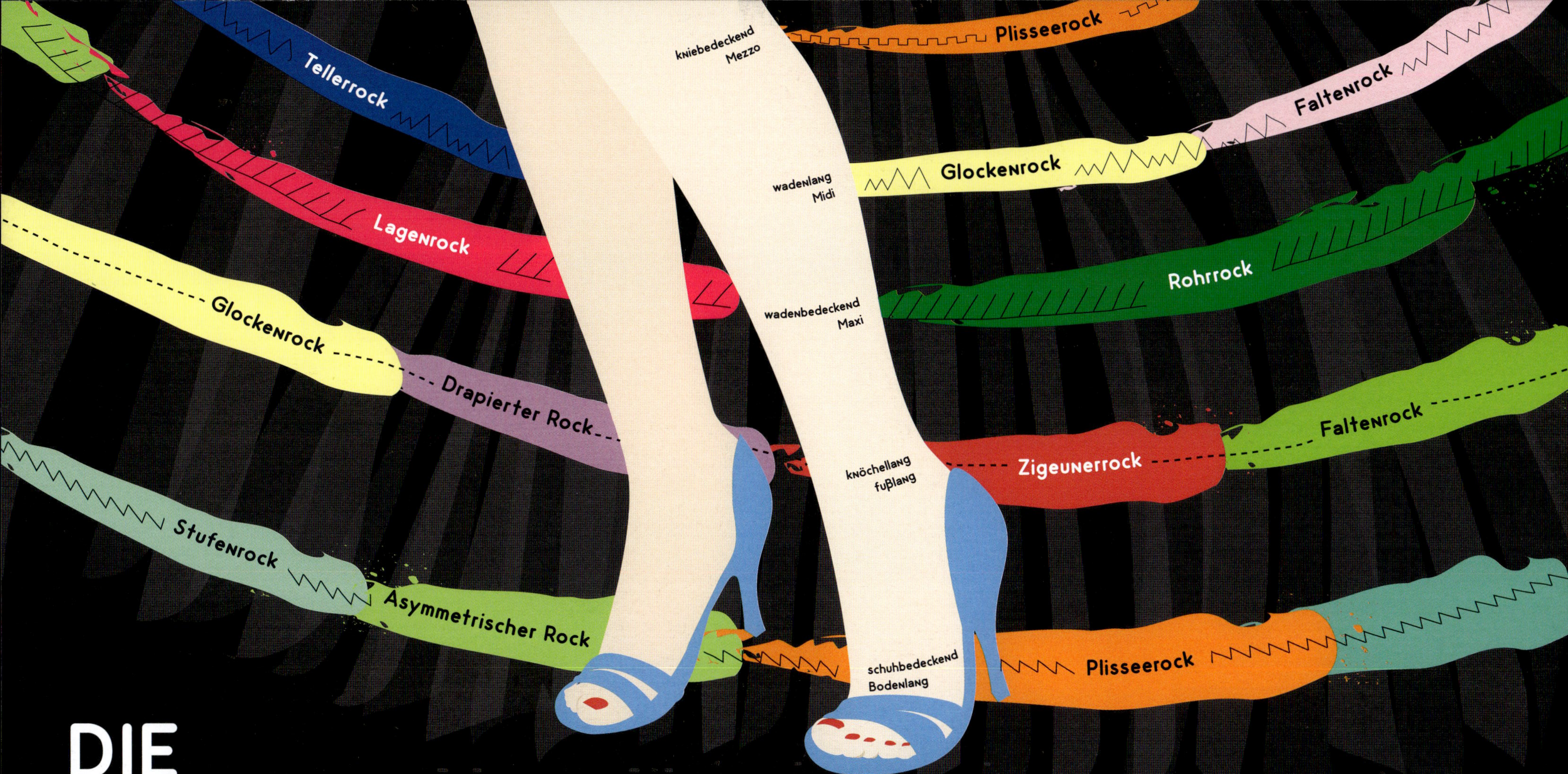

DIE ROCK STARS

Die gängigsten Rockformen und ihre Längen

Der Legende nach verdanken wir die Erfindung des Minirocks einer Äußerung von Coco Chanel, die behauptete, die Knie seien der hässlichste Körperteil der Frau. Die britische Designerin Mary Quant hat diese Aussage 1962 so empört, dass sie als Protestaktion die Röcke aus ihrer Kollektion einfach abschnitt. Als sie ihre Models dann noch aufreizend tanzend zu poppiger Musik über den Laufsteg schickte, war der Skandal perfekt.

Pimp my Meal

Saucen und die Gerichte, die sie besonders gerne begleiten

Fan = Saucenzutaten

- Grundsauce hell
- Grundsauce dunkel
- Salatsauce
- auf Mayonnaisebasis
- auf Ölbasis
- auf Milchbasis (Joghurt/Sahne)

★ warm ★ kalt

Würzen wie Gott in Frankreich

Der Ursprung der Grundsauce liegt in der französischen Küche. Anfang des 19. Jahrhunderts entwickelte Antonin Carême eine erste systematische Einteilung beruhend auf fünf Grundzubereitungen, die er „Muttersaucen" nannte. Die Grundsaucen werden selten in ihrer Grundform serviert, sondern meist mit weiteren Zutaten und Gewürzen in Saucen von eigenständigem Charakter, die sogenannten „Tochtersaucen", verwandelt. Eine eigene Rubrik bilden die kalten Saucen, die in der Mehrzahl von der Mayonnaise oder der Vinaigrette abgeleitet sind.

UNTER DAMPF

Rund um die Saunakultur

10 goldene Regeln beim Saunieren:

1. **Vorher duschen.** Dies ist sowohl aus Rücksicht auf die Mitmenschen angezeigt als auch im eigenen Interesse: Das Wasser entfernt Rückstände von Kosmetika und überschüssiges Fett, die die Hautporen verstopfen und so den positiven Sauna-Effekt zunichte machen können.
2. **Nach dem Duschen abtrocknen.** Trockene Haut schwitzt besser als nasse.
3. **Unbekleidet saunieren.** Textilien behindern das Verdunsten des Schweißes und damit das Kühlen des Körpers.
4. **Schmuck und andere Accessoires aus Metall ablegen.** Sie können sich stark erhitzen und im schlimmsten Fall die Haut (oder die Haare) verbrennen.
5. **Die unteren Plätze nutzen.** Vor allem für für den Einstieg oder wenn man Hitze nicht gut verträgt, sind diese die richtige Wahl, denn dort wird es nicht so heiß wie oben.
6. **Erst aufsetzen, dann aufstehen.** Nach dem Saunagang, der je nach Temperatur und Wohlbefinden nicht zu lange ausgedehnt werden sollte, langsam aufstehen, damit der Kreislauf mitkommt.
7. **Finger weg vom Ofen!** Sonst verbrennt man sich ganz schnell die Finger.
8. **Zum richtigen Zeitpunkt eintreten.** Wird bei einem Aufguss die Tür geöffnet, verflüchtigt sich sein Effekt ganz schnell.
9. **Wohlgestärkt saunieren.** Weder ein leerer noch ein zu voller Magen ist dem Erlebnis zuträglich.
10. **Sich danach abkühlen und ausruhen.** Die kalte Dusche nimmt man am besten erst nach ein paar Zügen frischer Luft, und danach sollte man unbedingt eine Weile ruhen, bevor man den nächsten Saunagang startet.

AUFGÜSSE
AUFGUSSARTEN
AROMA
SALZ
BIRKE
FRUCHT
EIS
HONIG
RAUCHSAUNA
70-80 | 10%
ERDSAUNA
90-110 | 10%
RUSSISCHE BANJA
80-100 | bis 100%
FINNISCHE SAUNA
80-95 | 10%
THERMIUM I INFRAROTSAUNA
ca. 60 | 55-70%
DANARIUM
60-65 | 60%
HOLZFEUER
ELEKTROOFEN
WÄRMEQUELLEN
Lichttherapie
Blockhütte
SAUNA-ART
Temperatur in C° | Luftfeuchtigkeit

Kluger Zug

Spielzüge & Eröffnungen beim Schach

Schach, das populärste Brettspiel in Europa, ist eine weltweit praktizierte Sportart, und dementsprechende Strukturen gibt es denn auch: Der Internationale Schachverband FIDE (Fédération Internationale des Échecs) ist die "FIFA des Schachsports", und es gibt auch in Deutschland verschiedene Schachligen bis hin zu einer Schachbundesliga (seit 1991 gibt es auch eine eigene für Frauen) mit derzeit 16 teilnehmenden Mannschaften. Kaum zu überbieten ist die Kreativität, mit der die Spieler ihren Sport immer wieder abgewandelt haben – die Spielarten sind unzählig.

→ Zug → Schlag

Die Bauern

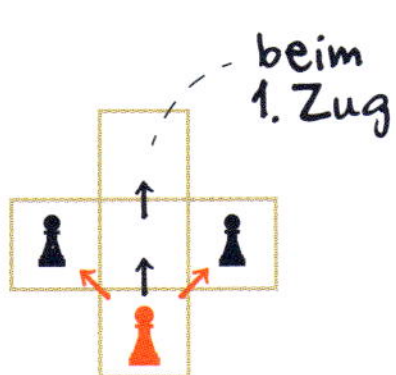

Der Bauer darf nicht rückwärts ziehen oder schlagen.

Der Läufer

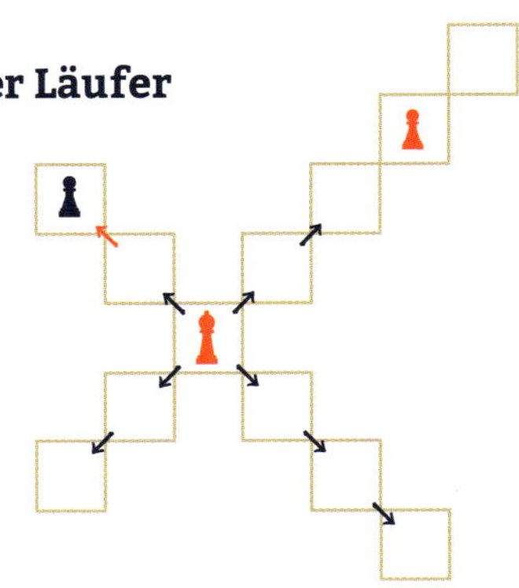

Der Turm

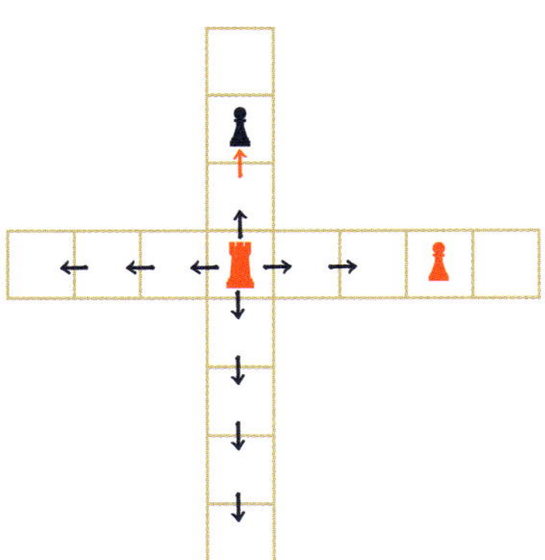

Die Dame

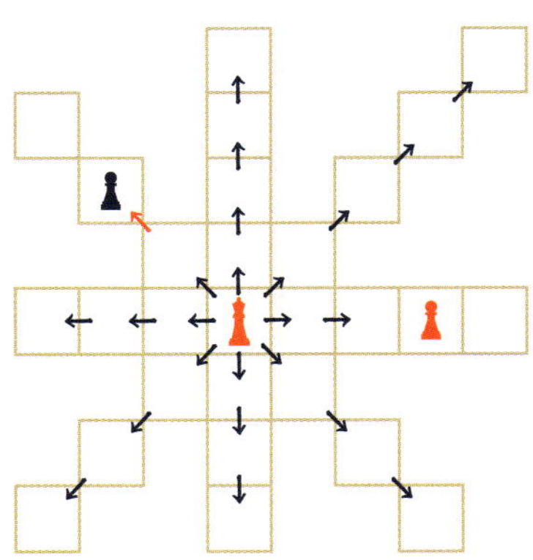

Das Pferd

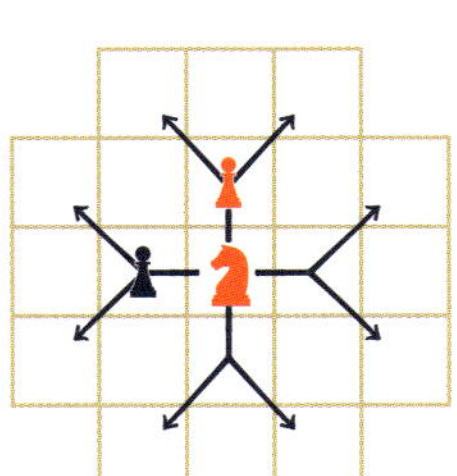

Der König

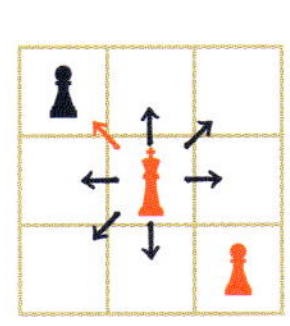

Der König darf sich nicht selbst in das Schachgebot stellen.

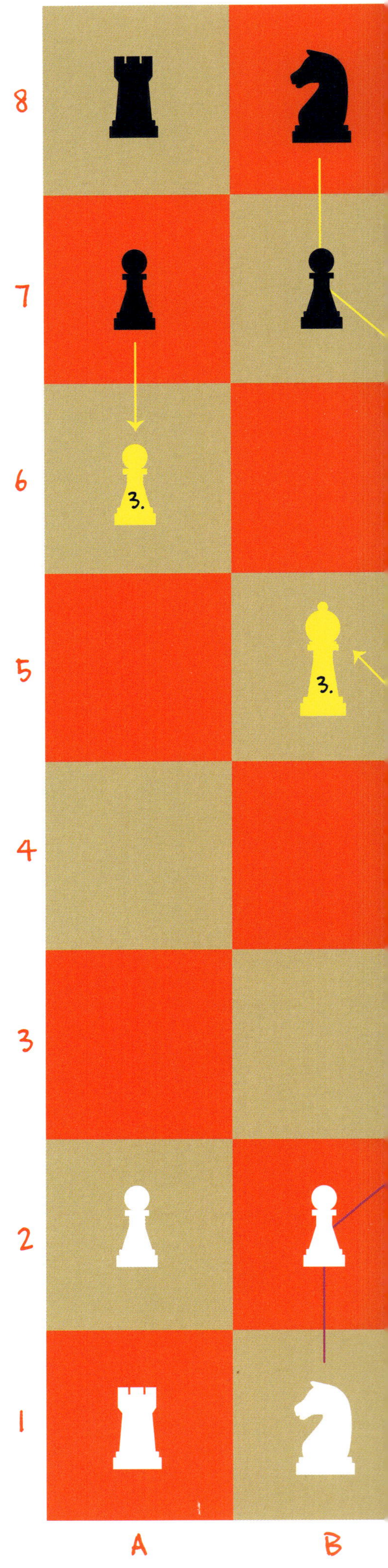

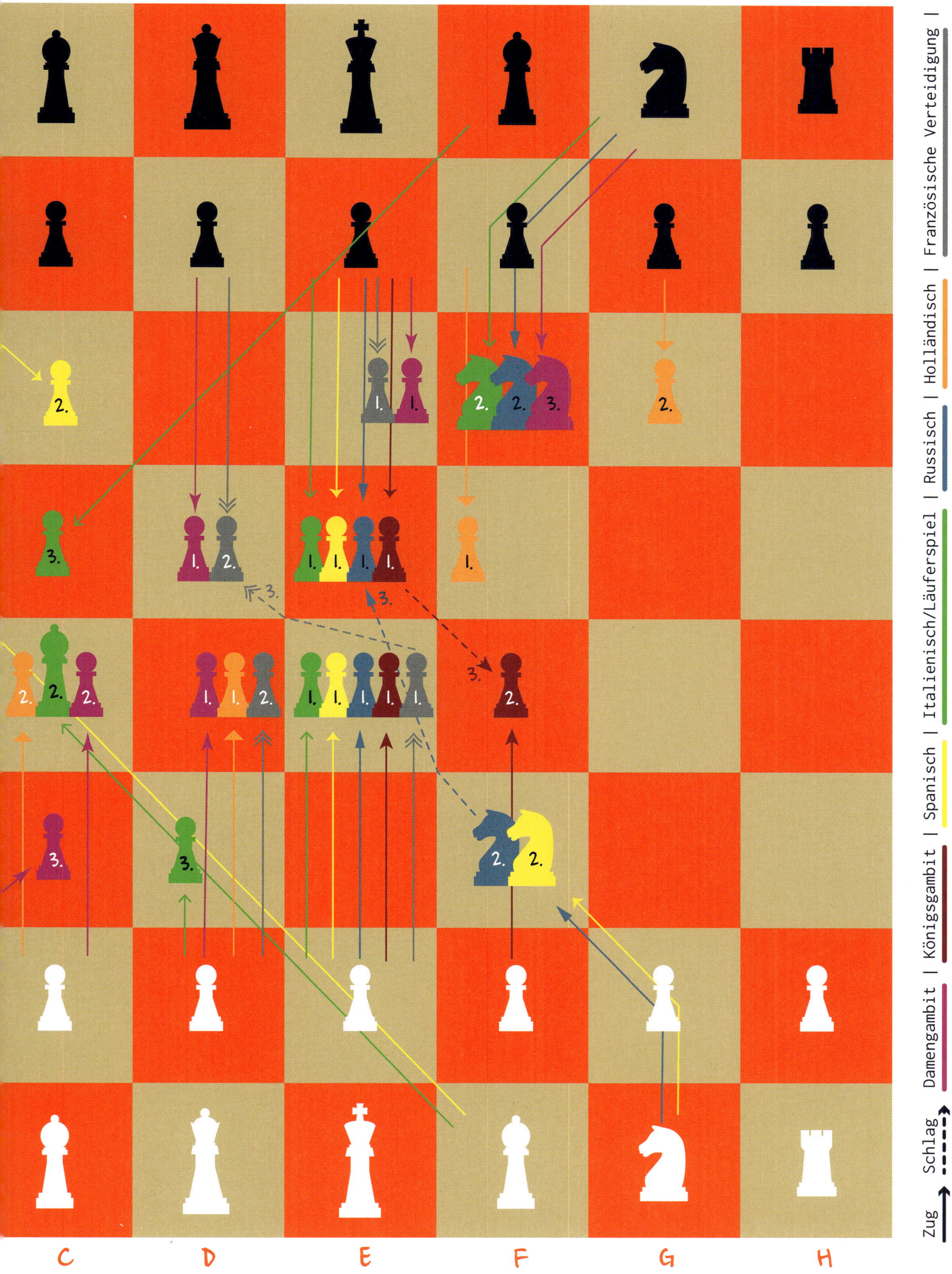
C
D
E
F
G
H
Zug
Schlag
Damengambit
Königsgambit
Spanisch
Italienisch/Läuferspiel
Russisch
Holländisch
Französische Verteidigung

Spieglein, Spieglein…

Produkte und Werkzeuge für die Schönheitspflege

Gesicht
Lippen
Palette zur Formgebung
Contouring-Palette
Concealer
Abdeckstift
Make-up-Schwämmchen
Blender
Make-up
Grundierung
Rouge rötlicher Farbstoff
Rougepinsel
Highlighterpinsel setzt Akzente
Puderquaste
Puder
Puderpinsel
Lipscrub
Lippenpeeling
Lip Conditioner
Lippenfeuchtigkeitsspender
Lippenbalsam
Lippen-Primer
Lippenstiftgrundierung
Lippenstift
Pinsel
Lipliner Lippenkonturenstift
Lipgloss für Glanz
Lippen-Puder
Vermutlich ist das Zieren des eigenen Körpers so alt wie die Menschheit und wurde zunächst zu schamanischen und rituellen Zwecken im Rahmen der damaligen Fruchtbarkeitskulte zelebriert. So wurden Muschelschalen als Behälter für Schminke aus gelbem Goethit, rotem Hämatit und schwarzem Pyrit schon vor 50.000 Jahren von Neandertalern in Spanien benutzt.
Produkt
Werkzeug

WALK OF FAME

KULT-SCHUHE UND IHRE PROMINENTESTEN FANS

„Zeig mir deine Schuh und ich sag' dir, wer du bist." Oftmals reicht ein einziger Blick auf das jeweilige Schuhwerk, um den Besitzer zu erkennen. Die Fußbekleidung bekannter Persönlichkeiten löst zuweilen eine wahre Modewelle aus, wie im Fall von Marty McFlys futuristischen Basketball Schuhen in „Zurück in die Zukunft" (1985). Die Schuhe werden dann ihren berühmten Trägern gegenüber in puncto Bekanntheit ebenbürtig.

FÜR DIE PARTY
FÜR DEN ALLTAG
FÜR DIE FREIZEIT
FÜR DEN SPORT
FILMSTAR
MUSIKSTAR
SPORTSTAR
VIP
VERY IMPORTANT PERSON
MÄRCHENSTAR
ERFOLGREICHSTES SCHUHMODELL MIT ÜBER 600 MILLIONEN VERKAUFTEN PAAREN WELTWEIT (STAND 2010)
MATERIAL
Obermaterial
Sohle
WETTER
Glatleder
Glattleder
ganzjährig, eher warm, trocken
SLIPPER/LOAFER
MICHAEL JACKSON
Leder
Gummi
ganz-jährig
HIGH CUT SNEAKERS
MICHAEL JORDAN
Synthetik
Gummi
warm
BADESLIPPER
MARK ZUCKERBERG
VIP
Veloursleder
Gummi
trocken, warm
BALLERINA
AUDREY HEPBURN
Glas
Glas
warm, trocken
HIGH HEELS
ASCHENPUTTEL
Leder (dünn)
DuoFlex-Technologie mit Stollen
ganz-jährig
FUSSBALLSCHUHE
DIEGO MARADONA
Kalbsleder
Glattleder
ganz-jährig
SPECTATORS
AL CAPONE
VIP
Leinen/Canvas, Gummikuppe
Gummi
ganzjährig, eher trocken
CHUCKS
KURT COBAIN
Veloursleder
Gummi
eher kühl
STIEFEL
JACK SPARROW

KEINE SPUREN

DIE RICHTIGE SCHUHPFLEGE

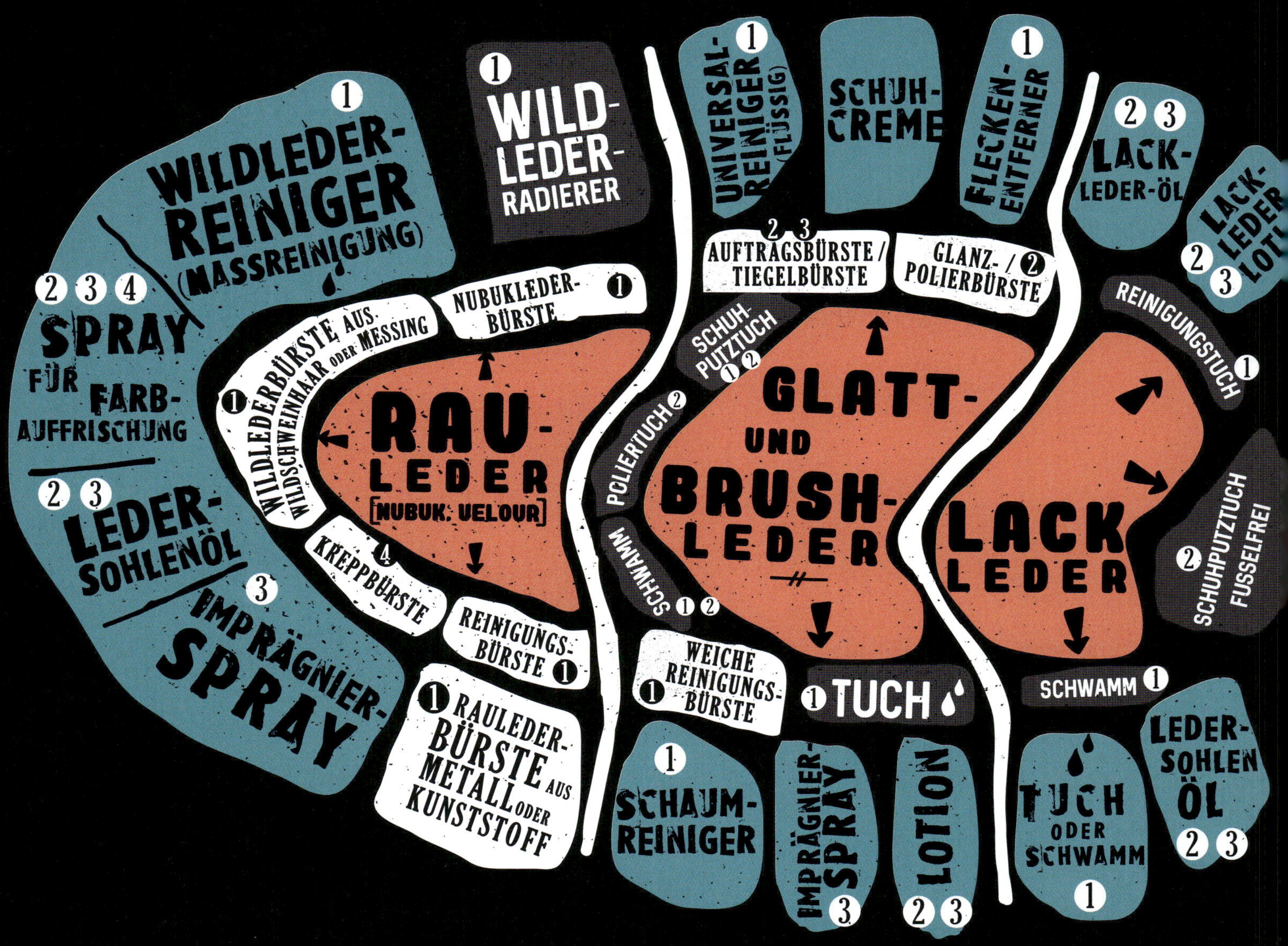

Zwei Dinge sind für die regelmäßige Schuhpflege unerlässlich: Schuhcreme und Schuhwachs. Die Schuhcreme wird zuerst aufgetragen, sie „nährt“ das Leder. Das heißt, dass sie dem Leder diejenigen Fette und Öle zurückgibt, die der Schuh beim täglichen Gebrauch verliert. Danach folgt das Schuhwachs. Dieses bringt das Leder zum Glänzen und bildet zudem eine dünne Schutzschicht.

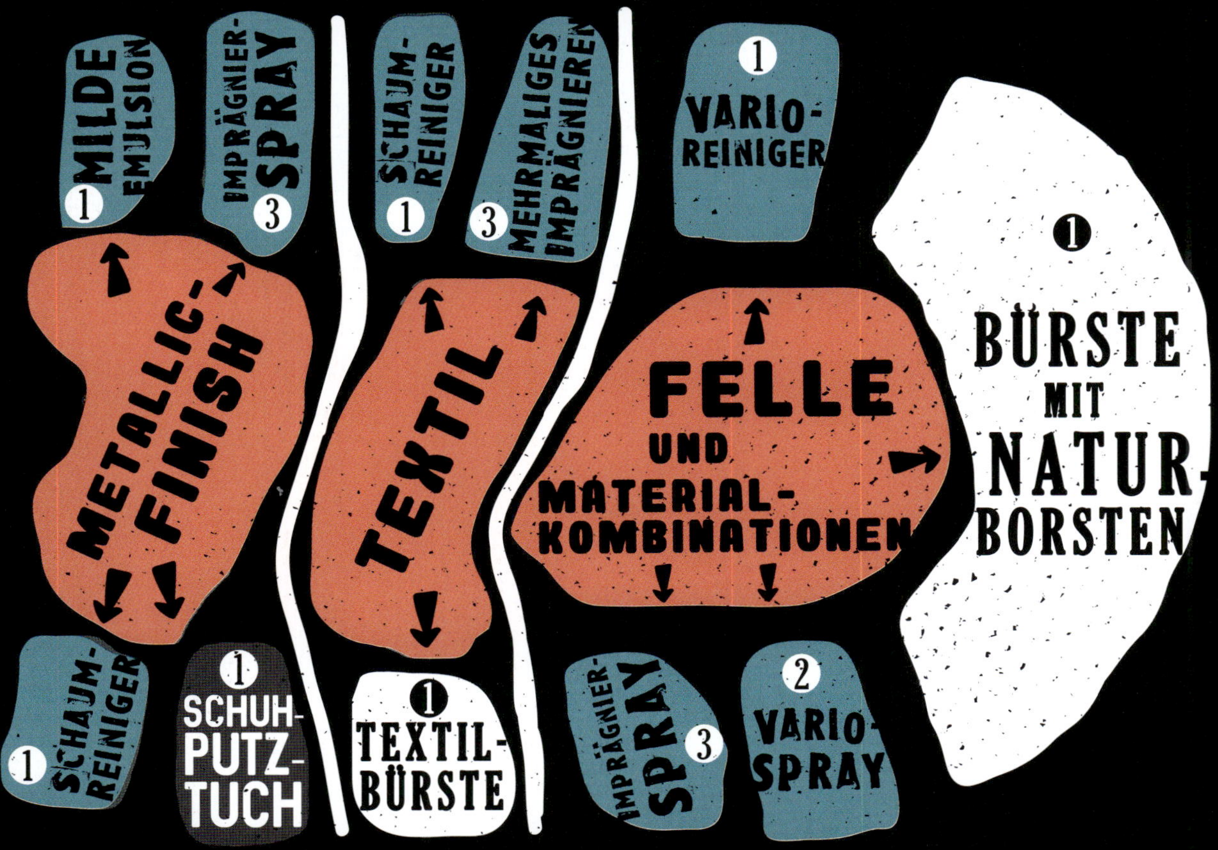

FEUCHT

1 REINIGEN
2 PFLEGEN
3 SCHÜTZEN
4 AUFFRISCHEN

MATERIAL PFLEGEMITTEL BÜRSTE PFLEGEZUBEHÖR

Geschmeidig

SCHMUCKSTÜCKE UND IHRE VERWENDUNG

Sich mit Diamanten, Gold, Silber und anderen wertvollen Rohstoffen zu schmücken, war schon immer ein Zeichen von Reichtum und Macht. Im Jahr 1905 fand man in einer Mine in Südafrika den bis dato größten Rohdiamanten: den "Cullinan"-Diamanten mit 3106,75 Karat. Nachdem der Diamant 1906 an den britischen König Edward VII. geschenkt wurde, hat man ihn in 96 kleine und 9 große Steine aufgespalten. Aus den großen Stücken wurden Kronjuwelen geschliffen, die heute als Teil der britischen Kronjuwelen im Tower of London zu besichtigen sind. Der größte von ihnen ist als "Great Star of Africa" weltberühmt geworden.

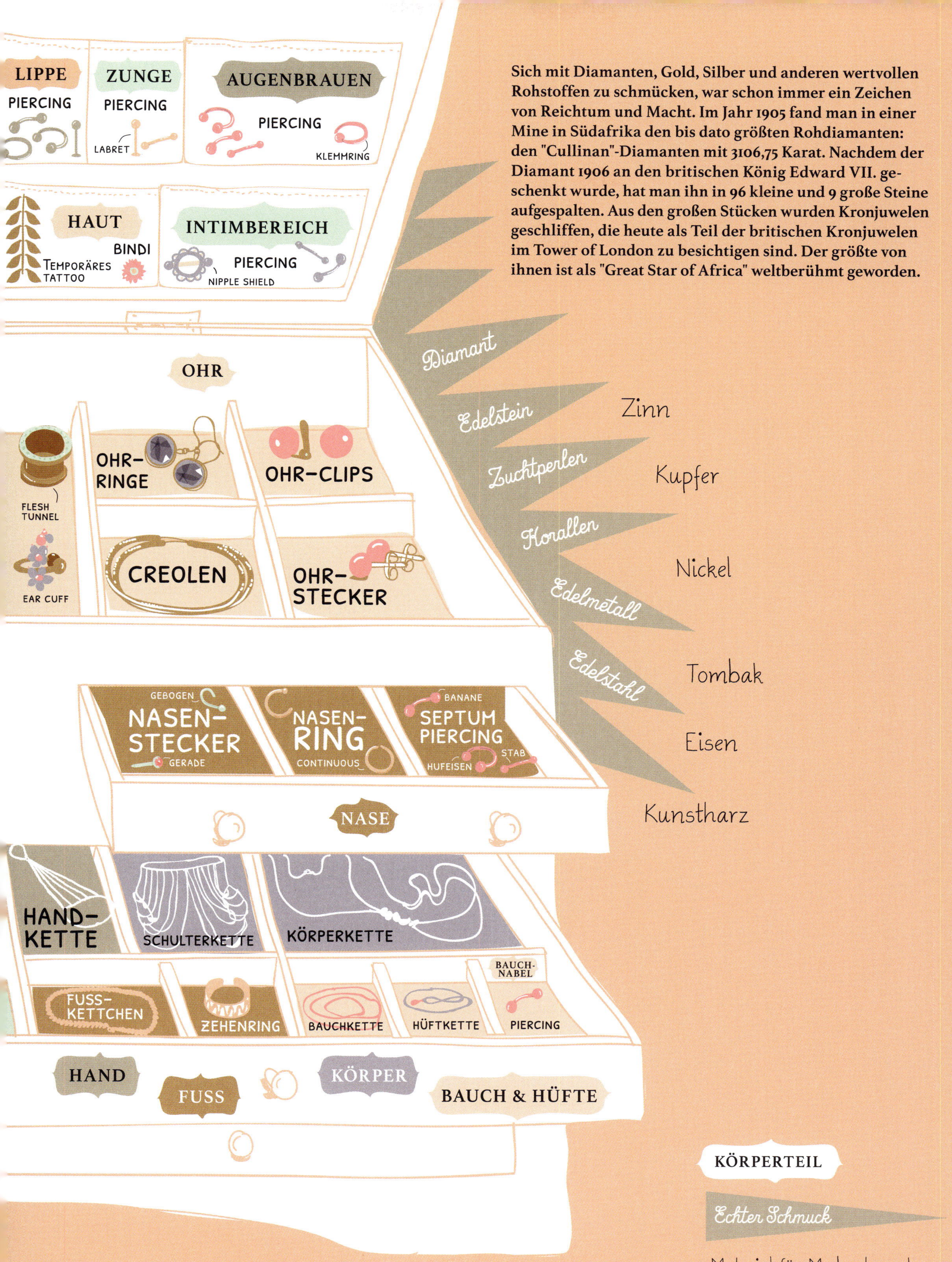

A GIRL'S BEST FRIENDS

Schmückstücke richtig pflegen

Damit man möglichst lange Freude an seinen Schmuckstücken hat, kommt es vor allem auf die richtige Lagerung an. Das „Anlaufen“ von Silberstücken etwa resultiert aus der Reaktion des Edelmetalls mit schwefelhaltigen Stoffen.

Am besten lassen sich solche Stoffe, die etwa in Reinigungsmitteln, im Wasser oder in Chlor auftreten können, von Kunststoff aufhalten: Den Schmuck in einem Plastikbeutel mit Druckverschluss aufzubewahren, ist zwar weniger ästhetisch als in einem hübschen Schmuckkästchen mit Watteeinlage, aber auf lange Sicht besser für die Schätzchen.

Öl
Fett
Leim-
seife
Lauge
Lauge
Basis
Fett
Kern-
seife
Kochsalz
halbfest
Schmier-
seife
Fein-
seife
Lauge
Fett
Öl
Kalilauge
Kochsalz
Fett
Glycerin-
seife
Gallen-
säure
Duftstoffe
Gall
seife
Tenside
Kern-
seife
Alkohol
Kern-
seife
Salz-
seife
2/3
Salz

SOAP OPERA

Die ganze Welt der Seifen

Das älteste Seifenrezept der Welt wurde auf einer etwa 4500 Jahre alten Tontafel im Gebiet des heutigen Irak gefunden. Schon hier wurde die Seife „gekocht", und zwar aus Pottasche, gewonnen beim Verbrennen von Pflanzenteilen, und Ölen. Dabei entstand eine Lauge, die Fette lösen konnte. Die Ägypter ergänzten ca. 600 v. Chr. Soda, das ebenfalls ein Verbrennungsprodukt ist, allerdings aus salzhaltigen Pflanzen. Neben der Körperpflege diente diese Seife zum Wäschewaschen. Erst die Germanen und Gallier schließlich stellten Seifen aus Ziegen-, Rinder- oder Hirschtalg her, die dann vor allem zu kosmetischen Zwecken eingesetzt wurden.

- für die Körperpflege
- für die Reinigung
- für Textilien
- für die Reise
- für die Rasur
- für die Medizin
- für die Industrie
- Inhaltsstoffe
- Basisseife für andere Seifen

Hätten Sie's gewusst? Die "Erfindung" der grünen Smoothies haben wir den Schimpansen zu verdanken! Aber der Reihe nach: Victoria Boutenko, aus gesundheitlichen Gründen leidenschaftliche Anhängerin der Rohkost-Bewegung, nahm sich ein Beispiel am Essverhalten dieser Tiere. Der Speiseplan von Schimpansen besteht fast zur Hälfte aus grünen Blättern und Victoria vermutete, dass das Grünzeug für das extrem gute Immunsystem dieser so menschenähnlichen Tiere verantwortlich sein könnte. Durch die Form des Pürierens machte sie Salate & Co. für den menschlichen Körper besser verdaulich - der grüne Smoothie war geboren! Und damit laut Victorias Selbsttest ein wahres Wundermittel gegen verschiedenste Gebrechen. Den Affen sei Dank!

grüner Tee
gefiltertes Wasser
Kokosnuss-wasser
frisch gepresster Fruchtsaft
Joghurt
Eiscreme
Kuh-, Schafs-, Ziegen-,
Milch
Reis-, Soja-, Nuss-, Mandel-, Kokos-
BASIS-FLÜSSIGKEIT
ca. 150–250 ml
Gemeinsam STARK
für Harmonie im Glas!
Die beliebtesten Zutaten für Smoothies
FÜR GRÜNE SMOOTHIES
Blattgemüse
40%
60%
Früchte
gefroren für die Extra-Erfrischung

Kommunikation web-weit

Die beliebtesten Social-Media-Kanäle

Facebook

1,8 Milliarden

Die Facebook-Fanpage hat mit 179,2 Millionen die meisten Likes!

I like Kaffee

Text, Bilder, Videos, Liken
Mit Freunden in Kontakt bleiben, Neuigkeiten der Lieblingsmarke/-band etc. nicht verpassen

Google+

540 Millionen

Willkommen in meinem Circle, Kaffetrinker!

Texte, Bilder, Videos,
Sich mit Bekannten und Freunden organisieren

Instagram

500 Millionen

Hier ein Bild meines ersten #Kaffees

Bilder, Videos
Bilder und Videos (max. 15 Sek.) mit Freunden und Bekannten teilen und kommentieren. Mit integrierter Bildbearbeitungsfunktion.

tinder

55 Millionen

Nur mit Facebook-Account nutzbar

Kaffee sucht Milch mit gemeinsamen Interessen

Bilder, Texte
Dating-App zum Kennenlernen von Menschen in der näheren Umgebung

Twitter

313 Millionen

Katy Perry hat mit 94,7 Millionen Followern den beliebtesten Account!

Guten Morgen! Erstmal einen #Kaffee #2go #wach

Texte
Schnelle Verbreitung von Kurznachrichten (max. 140 Zeichen), Sortierung mit Hashtags

Tumblr

555 Millionen

Was macht einen guten Kaffee aus, wie stellt man ihn her und anderes Wissenswertes...

Texte, Bilder, Zitate, Links, Videos, Audio
Micro-Blogging-Plattform zum einfachen Erstellen eines eigenen Blogs. Texte, Bilder, Videos, Audio mit der ganzen Welt teilen.

Social Media
Inhalte
Zweck

Nutzerzahl

Browser
App
Privat
Beruflich

Periscope

Ich trinke live meinen Kaffee, sei dabei!

Livestream
Livestream von überall, neueste Ereignisse sehen, neue Plätze entdecken, neue Menschen finden, Interessen teilen

11 Millionen

ask.fm

ask.fm

Wie viel Kaffee trinkt ihr so täglich?

Fragen & Antworten
Freunden und Fremden Fragen stellen und Antworten erhalten

150 Millionen

Pinterest

5 wunderbare Bilder von Kaffee für deine tägliche Inspiration

Bilder
Virtuelle Pinnwand für Bilder mit Beschreibungen, die andere User teilen (repinnen) können. Austausch über verschiedene Hobbys, Interessen, Inspirationen & praktische Tipps für den Alltag.

150 Millionen

YouTube

PewDiePie ist der erfolgreichste YouTuber mit 50,8 Millionen Abonnenten weltweit!

1 Milliarde

YouTube

Schau mir beim Kaffeetrinken zu, und wenn's gefallen hat, gib einen Daumen nach oben ;-)

Videos
Videos zu allen möglichen Themen mit der Welt teilen, ansehen, bewerten, kommentieren

LinkedIn

in

I am good in drinking Coffee

Berufliche Informationen
Internationales Netzwerk für Geschäftskontakte. Berufliche und/oder private Kontakte können verwaltet und neue Kontakte geknüpft werden.

450 Millionen

Xing

Meine Stärken liegen im Kaffeetrinken.

Berufliche Informationen
Deutschsprachiges Netzwerk für Geschäftskontakte. Berufliche und/oder private Kontakte können verwaltet und neue Kontakte geknüpft werden.

10,2 Millionen

Reddit

Nennt sich selbst „Startseite des Internets“

Kaffee: Was ist eure Meinung dazu?

Links, Texte, Bilder
Social-News-Aggregator zum Posten von Beiträgen. Communitys für jedes vorstellbare Thema – lustige Katzenfotos, angesagte News, Diskussionen.

234 Millionen

Es gehören natürlich noch weit mehr Plattformen zum Phänomen Social Media, als hier angegeben werden können, und bei einigen steht nicht die Kommunikation und das Teilen von Inhalten im Vordergrund, sondern das gemeinsame Erstellen von Inhalten, sogenannter User Generated Content. Alle Wikis zum Beispiel sind soziale Medien. Zu den skurrilsten Social-Media-Vertretern gehört wohl Dronestagram, auf dem nur Fotos von Drohnen geteilt werden.

Power-Man

Die größten Stromfresser im Haushalt

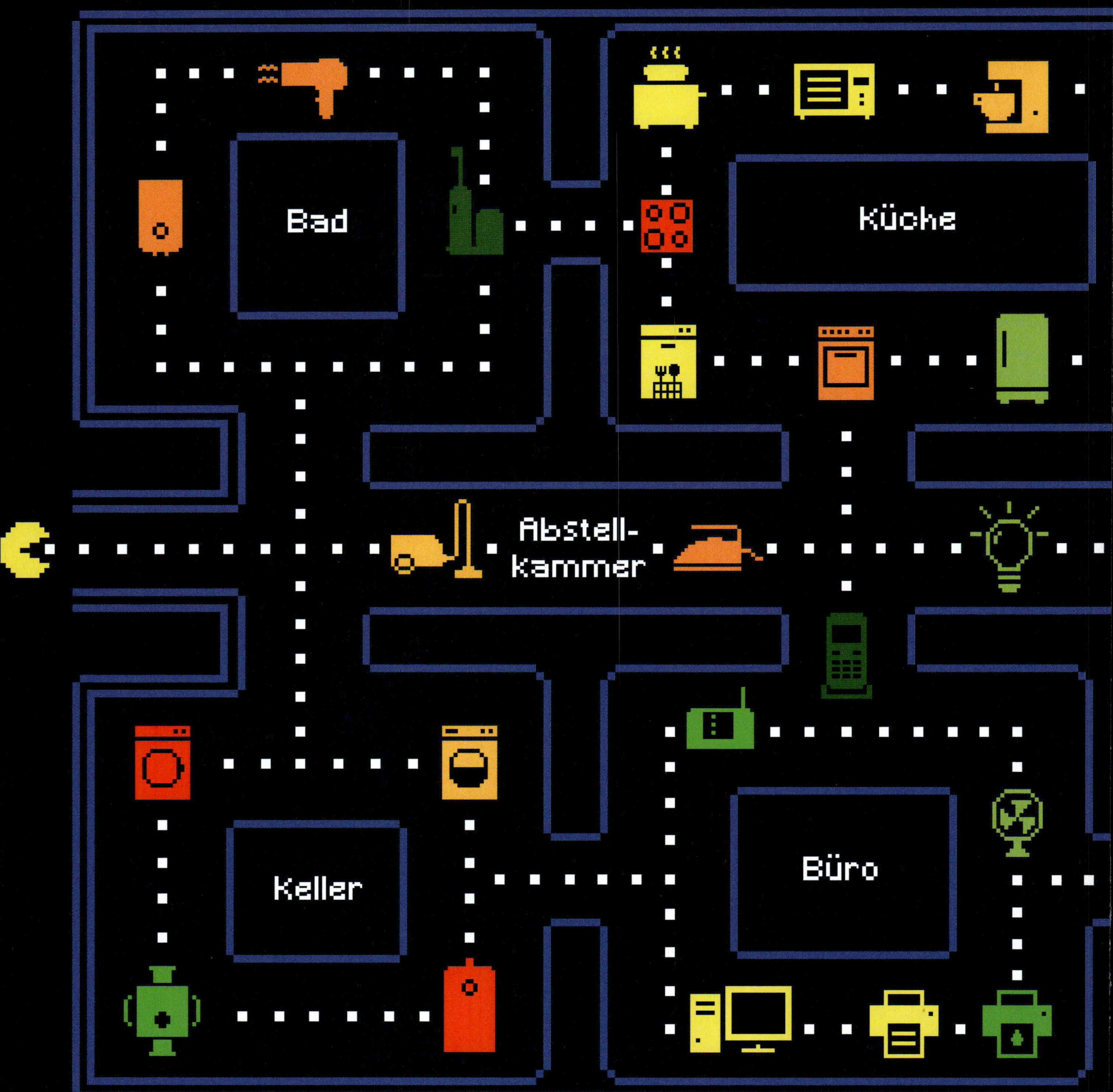

*Näherungs-/Mittelwerte: je nach Modell/Ausführung/Verwendung abweichend

Für eine Kilowattstunde müssen Höchstleistungen erbracht werden. So schafft ein sehr trainierter Radfahrer eine Dauerleistung von 200 Watt. Rechnet man die Verluste durch Dynamo, Wechselrichter und Reibung ein und geht von einer durchgehenden Leistung von einer Stunde aus, kommen ungefähr 100 Wh (entspricht 0,1 kWh) zusammen. Für 1 kWh müssten also 10 Radfahrer eine Stunde lang alles geben. Wie viele Radfahrer es für ein 5-Gänge-Menü bräuchte, lässt sich mithilfe der Grafik ganz leicht ausrechnen...

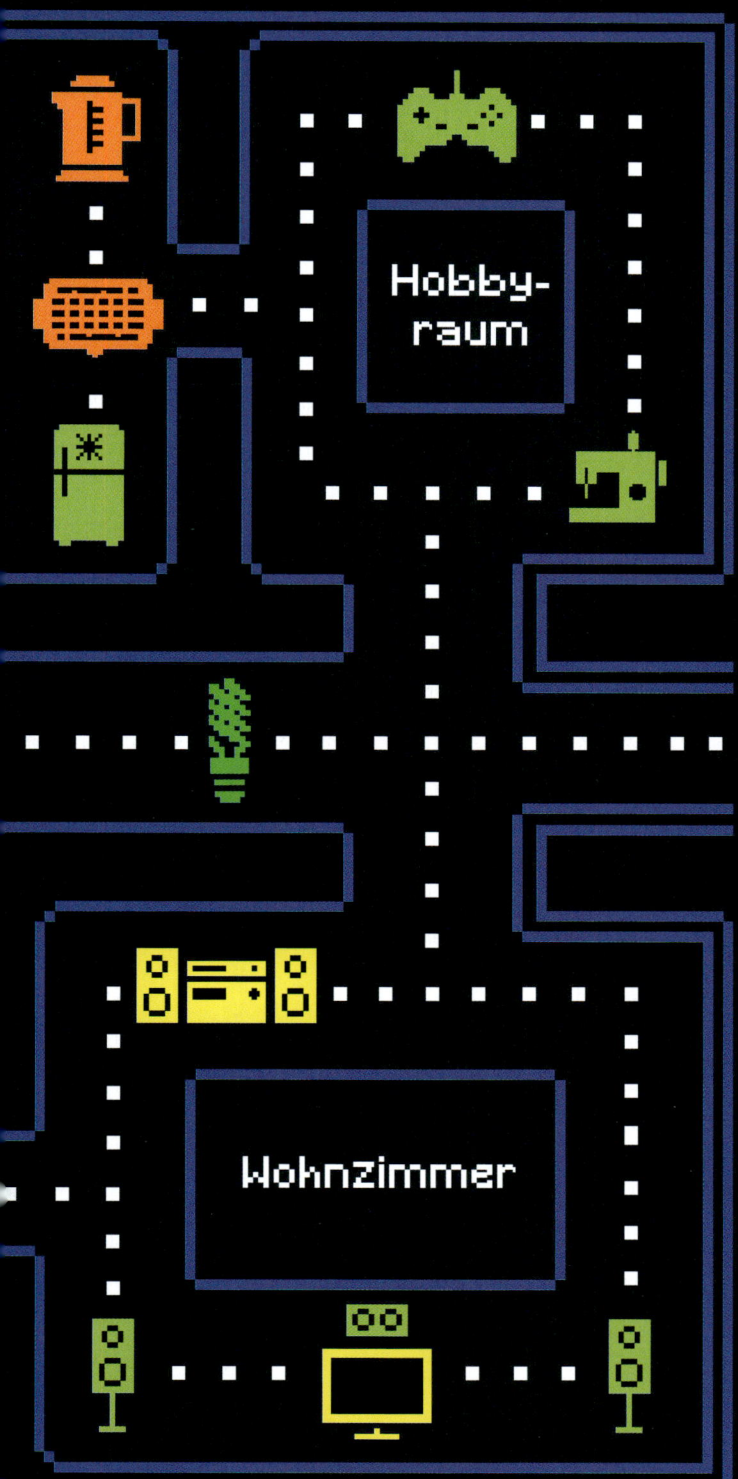

HIGH SCORE

1 kWh entspricht*

Herd
15 min kochen

Warmwasserboiler
15 min Wasser erhitzen

Wäschetrockner
20 min trocknen

Bügeleisen
27 min bügeln

Wasserkocher
27 min Wasser erhitzen

Backofen
29 min backen

Elektrogrill
30 min grillen

Kleinwasserspeicher
30 min Wasser erhitzen

Fön
30 min fönen

Staubsauger
38 min staubsaugen

Kaffeemaschine
1 h Kaffee kochen

Waschmaschine
1 h waschen

Toaster
1 h 15 min toasten

Geschirrspüler
1 h 20 min spülen

Mikrowelle
1 h 26 min Essen erhitzen

Laserdrucker
2 h 52 min drucken

PC & Monitor
2 h 52 min arbeiten

HiFi-Anlage
4 h Musik hören

TV-Flachbildschirm
6 h 40 min

Spielekonsole
10 h zocken

Soundsystem
11 h 7 min Kino spielen

Nähmaschine
11 h 48 min nähen

Ventilator
13 h 20 min wehen

Gefrierschrank
16 h 35 min gefroren halten

Glühbirne
16 h 35 min leuchten

Kühlschrank
20 h kühlen

Tintenstrahldrucker
2 d 2 h drucken

Heizungspumpe
2 d 10 h heizen

Energiesparlampe
3 d 5 h leuchten

DSL-Router
4 d 15 h online sein

Telefon
16 d 16 h telefonieren

elektrische Zahnbürste
20 d 20 h putzen

THE CANDYMEN CAN

Die großen Schokoladenhersteller und was sie sonst noch produzieren

* Jahresumsatz (2015, in US-Dollar)

Verrückt, was alles "unter einem Dach" produziert wird! Und oft zählen die Süßwaren zu den größten Umsatzbringern dieser teils so vielseitigen Firmen. Bloß gut, dass Schokolade so gesund ist – zumindest in Maßen, und natürlich: je dunkler, desto besser. Dunkle Schokolade enthält nämlich besonders viele Flavanole, natürlich vorkommende Antioxidantien, die unser Herz-Kreislauf-System stärken. Leider machen sie die Schokolade auch bitter, weshalb sie aus den handelsüblichen Milchschokoladen oft herausgefiltert werden.

Next stop: Brasil

So tanzt die Welt

Tanzen ist die internationale Sprache für Lebensfreude! Getanzt wird einfach überall auf der Welt, und fast jedes Land hat eigene Tanzformen hervorgebracht, die überallhin getragen wurden. Anfang der 1960er-Jahre hat der Weltfachverband der nationalen Tanzlehrerverbände (World Dance Council, WDC) sogar ein Welttanzprogramm (WTP) begründet. Die Tänze in diesem Programm sollten sich an Musik orientieren, die weltweite Bedeutung hat, ergänzt durch regionale Musikrichtungen. Walzer, Disco, Swing, Latino und Tango bilden die Basis für das Welttanzprogramm.

Tanz/Ursprungsland
(von innen nach außen):

Boogie-Woogie/USA
Cha-Cha-Cha/Kuba
Charleston/USA
Deutscher Tanz/Deutschland/Österreich
Fackeltanz/Europa
Flamenco/Spanien
Foxtrott/USA
Gaillarde/Italien
Gavotte/Frankreich
Jive/Lateinamerika
Lambada/Lateinamerika/Brasilien
Langsamer Walzer/England
Mambo/Kuba
Merengue/Dominikanische Republik
Polonaise/Polen
Quickstepp/USA
Rock'n'Roll/USA
Rumba/Kuba
Salsa/Kuba
Samba/Brasilien
Schuhplattler/Deutschland
Slowfox/England
Swing/USA
Tango/Argentinien
Twist/USA
Wiener Walzer/Österreich
Zouk/Karibik

Tea Party

DIE BELIEBTESTEN TEESORTEN

GEWONNEN AUS DER TEEPFLANZE

BOSTON Tea PARTY

Am 16. Dezember 1773 eskaliert der Streit über die Teesteuer zwischen dem Königreich Großbritannien und seinen Kolonien in Nordamerika: 50 Bostoner Bürger entern als Indianer verkleidet drei mit Tee beladene britische Schiffe im Hafen von Boston und werfen die gesamte Ladung von 45 Tonnen (= 11,25 Mio. Tassen) über Bord. Weitere Eskalationen führen 1775 zum Ausbruch des Amerikanischen Unabhängigkeitskriegs und zur Erklärung der Unabhängigkeit am 4. Juli 1776.

TEEÄHNLICHE ERZEUGNISSE

Tee-Spezialität

= wertvollste Teesorte

A = aromatisiert

M = Mischung

= Ziehdauer in Min.

= Bambusbesen

= Aufgusstemperatur in C°

= kochend

= Wasser aufkochen, kurz ruhen lassen

= Zutaten aufkochen

= offen

= im Beutel

= Pulver

= Kugeln

= Ziegel

Schwarzer Tee	Grüner Tee	Weißer Tee	Gelber Tee	Oolong-Tee	Kräutertee	Früchtetee	Roter Tee	Besondere Teesorte

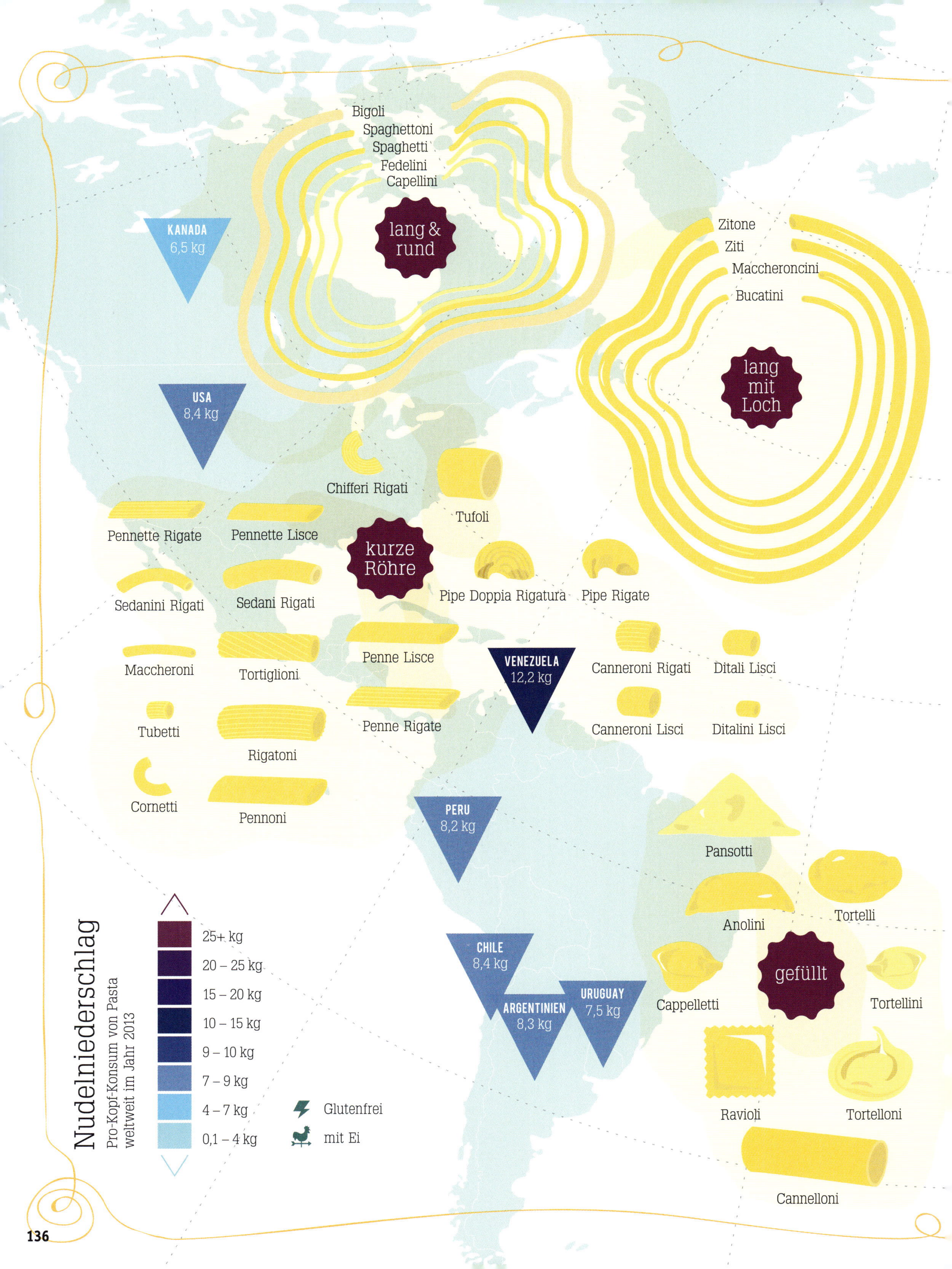
Nudelniederschlag
Pro-Kopf-Konsum von Pasta
weltweit im Jahr 2013
lang & rund
Bigoli
Spaghettoni
Spaghetti
Fedelini
Capellini
KANADA
6,5 kg
lang mit Loch
Zitone
Ziti
Maccheroncini
Bucatini
USA
8,4 kg
kurze Röhre
Chifferi Rigati
Tufoli
Pennette Rigate
Pennette Lisce
Pipe Doppia Rigatura
Pipe Rigate
Sedanini Rigati
Sedani Rigati
Maccheroni
Tortiglioni
Penne Lisce
VENEZUELA
12,2 kg
Canneroni Rigati
Ditali Lisci
Tubetti
Rigatoni
Penne Rigate
Canneroni Lisci
Ditalini Lisci
Cornetti
Pennoni
PERU
8,2 kg
gefüllt
Pansotti
Anolini
Tortelli
Cappelletti
Tortellini
Ravioli
Tortelloni
Cannelloni
CHILE
8,4 kg
ARGENTINIEN
8,3 kg
URUGUAY
7,5 kg
25+ kg
20 – 25 kg
15 – 20 kg
10 – 15 kg
9 – 10 kg
7 – 9 kg
4 – 7 kg
0,1 – 4 kg
Glutenfrei
mit Ei

It's raining penne

Die Welt der Teigwaren

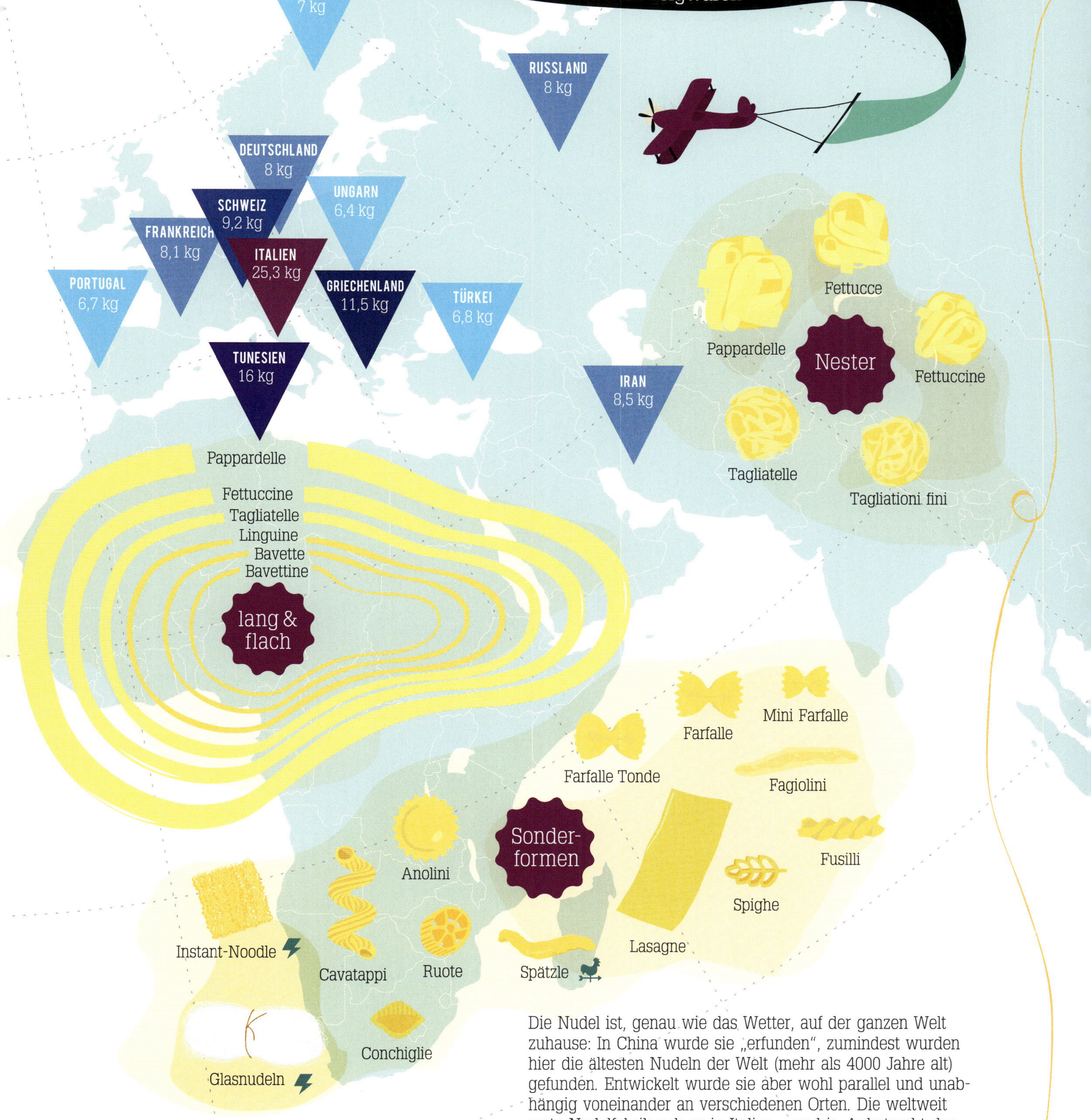

Die Nudel ist, genau wie das Wetter, auf der ganzen Welt zuhause: In China wurde sie „erfunden", zumindest wurden hier die ältesten Nudeln der Welt (mehr als 4000 Jahre alt) gefunden. Entwickelt wurde sie aber wohl parallel und unabhängig voneinander an verschiedenen Orten. Die weltweit erste Nudelfabrik gab es in Italien – und in Anbetracht des Nudelkonsums der Einwohner scheint das eine logische Entwicklung gewesen zu sein. Und dass Nudeln zur perfekten Vorratsware wurden, ist den Arabern zu verdanken, denn sie haben das Trocknen des Nudelteigs eingeführt.

Von der Rolle

NATUR ODER CHEMIE, WAS STECKT DRIN?

Für Bekleidungsstücke wird am häufigsten Baumwolle verwendet, und das hat gute Gründe: Baumwolle ist bekannt dafür, besonders hautfreundlich zu sein und nur in den seltensten Fällen Allergien auszulösen. Allerdings nimmt sie sehr gerne Wasser auf und neigt daher zum Schimmeln, wenn sie nicht völlig trocken aufbewahrt wird, und sie hält die Farbe nicht so lange wie andere Fasern. Es gibt übrigens mehr als 20 verschiedene Baumwollarten weltweit, kultiviert und zu Stoff verarbeitet werden jedoch nur vier.

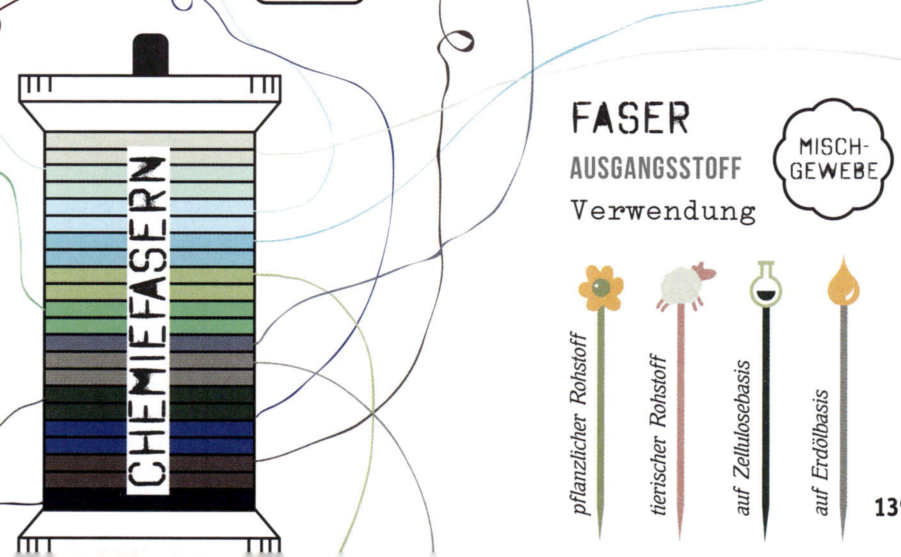

HIER STIMMT DIE CHEMIE

Waschen und Kleiderpflege auf einen Blick

1. WASCHEN ALLGEMEIN – WASCHMASCHINE ODER HANDWÄSCHE
2. NICHT WASCHEN
3. NUR HANDWÄSCHE
4. WASCHEN BEI 30 °C
5. SCHONWASCHGANG BEI 30 °C – & SCHONEND SCHLEUDERN
6. FEIN- / WOLLWASCHGANG – NICHT SCHLEUDERN
7. KOCH- UND BUNTWÄSCHEPROGRAMM (60)
8. KOCH- UND BUNTWÄSCHEPROGRAMM (95)
9. BLEICHEN ALLGEMEIN
10. NICHT BLEICHEN
11. CHLORBLEICHE – VERALTET, NICHT MEHR ERLAUBT
12. SAUERSTOFFBLEICHE
13. BÜGELN ALLGEMEIN
14. NICHT BÜGELN
15. NUR WARM BÜGELN – BIS 105 °C
16. MÄẞIG HEIẞ BÜGELN – BIS 165 °C
17. HEISS BÜGELN – BIS 220 °C
18. OHNE DAMPF BÜGELN
19. CHEMISCHE REINIGUNG ALLGEMEIN
20. NICHT CHEMISCH REINIGEN
21. REINIGUNG MIT PERCHLORETHYLEN (P)
22. SCHONENDE REINIGUNG MIT PERCHLORETHYLEN (P)
23. REINIGUNG MIT KOHLENWASSERSTOFFLÖSEMITTELN ODER BENZIN (F)
24. SCHONENDE REINIGUNG MIT KOHLENWASSERSTOFFLÖSUNGSMITTELN UND BENZIN (F)
25. NASSREINIGUNG (W)
26. SCHONENDE NASSREINIGUNG (W)
27. SEHR SCHONENDE NASSREINIGUNG (W)
28. TROMMELTROCKNEN ALLGEMEIN
29. SCHONEND TROCKNEN – BIS 60 °C
30. TROCKNEN – BEI 80 °C ± 10 °C
31. NICHT IM TROMMELTROCKNER TROCKNEN
32. TROCKNEN ALLGEMEIN
33. IM SCHATTEN TROCKNEN
34. AUF DER LEINE TROCKNEN
35. AUF DER LEINE IM SCHATTEN TROCKNEN

TECHNIKEN

1–8	Waschen
9–12	Bleichen
13–18	Bügeln
19–27	Professionelle Textilpflege
28–31	Trommeltrocknen
32–39	natürliches Trocknen

Vor der Waschmaschine war das Wäschewaschen einer der zeit- und kräftezehrendsten Vorgänge im Haushalt. Noch bis ins 20. Jahrhundert wurde die Wäsche mit einer Kombination aus Pottasche und Wasser behandelt. Diese alkalische, also ätzende Lösung half, die Fasern aufzuquellen und die Fette zu zersetzen. Die Partikel dieses Waschmittels, die sich nicht im Wasser lösten, dienten zusätzlich als eine Art Peelingstoffe beim Scheuern auf dem Waschbrett. Für den besseren Geruch wurde dem Gemisch ein Duftstoff, z. B. Lavendel, beigefügt.

36 LIEGEND TROCKNEN

37 LIEGEND IM SCHATTEN TROCKNEN

38 TROPFNASS TROCKNEN

39 TROPFNASS IM SCHATTEN TROCKNEN

40 T – TENSIDE*

41 B – BLEICHMITTEL*

42 Ö – OPTISCHE AUFHELLER

43 V – VERGRAUUNGS-INHIBITOREN

44 S – STELLMITTEL

45 E – ENTHÄRTER*

46 E – ENZYME

47 S – SCHAUM-INHIBITOREN

48 D – DUFTSTOFFE

49 K – KONSERVIERUNGSMITTEL

50 WASCHPULVER
100g Spülmaschinensalz, 100g Kernseife, 150g Waschsoda, 150g Natron, ein paar Tropfen ätherisches Öl (Lavendel, Zitrone)

51 WASCHPULVER FÜR WEISSE WÄSCHE
Nr. 50 + 100 – 150g Zitronensäure

52 FLÜSSIGES WASCHMITTEL
4 EL Waschsoda, 30g Kernseife, ein paar Tropfen ätherisches Öl

53 FLÜSSIGES WASCHMITTEL FÜR WEISSE WÄSCHE
Nr. 52 + 1 – 2 TL Natron

54 FÜR WOLLE & FEINES
250ml Wasser, 50g (Bio-)Kernseife, 100ml Brennspiritus oder hochprozentigen Alkohol, etwa 10 Tropfen reines ätherisches Zitronenöl

55 weiß

56 hell

57 dunkel

58 Rottöne

59 Wäsche nicht gefaltet in die Waschtrommel

60 kleine & große Wäschestücke mischen

61 auf links drehen, für Stücke mit Motiv oder aufgesetztem Schmuck, farbige Textilien, Wolle

62 NEU – beim ersten Mal separat waschen

63 Schäden & Wäscheknäuel verhindern

64 empfindliche & kleine Stücke in einen Wäschesack

65 Flecken vorbehandeln

66 separat & mit Vorwäsche waschen

67 1200 – Koch- & Buntwäsche höchste Schleudertouren

68 900 – Pflegeleicht

69 700 – Feinwäsche

70 400 – Wolle

WASCH- UND PFLEGEMITTEL

40–49 chemisch

50–54 natürlich

WÄSCHETIPPS

55–58 nach Farben sortieren

59–64 Verschmutzungsgrad

67–70 Schleudern

* schwer abbaubar

Wo wird weltweit wohl am meisten Wein pro Kopf getrunken? Ganz klar, denkt man, in Frankreich natürlich! Doch weit gefehlt: Den höchsten Weinkonsum pro Bewohner verzeichnet tatsächlich der Vatikan. Uber die Gründe dafür herrscht noch Unklarheit, eine Vermutung aber drängt sich fast auf: Wo (mehr) Gott ist, scheint immer auch (mehr) Wein zu sein – oder umgekehrt...

DER STOCK DES LEBENS

WEINSORTEN UND -KONSUM WELTWEIT

Aus den „Wellness-Trends 2016" geht hervor, dass die Nachfrage nach Wellnessleistungen weiterhin wächst, vor allem weil immer mehr Menschen regelmäßig Wellnessangebote nutzen. Vor zehn Jahren noch ein Luxusgut, ist Wellness heute für viele Menschen ein fester Bestandteil ihres Lebens geworden. Ob vor Ort in Thermen und Wellnessanlagen oder im Urlaub im Spa des Wellnesshotels gönnt man sich immer häufiger Ruhepausen und Entspannung, wobei auch die Schönheit nicht zu kurz kommen darf. Dabei kommen auch immer exotischere Behandlungen zum Einsatz, welche zeigt diese Grafik.

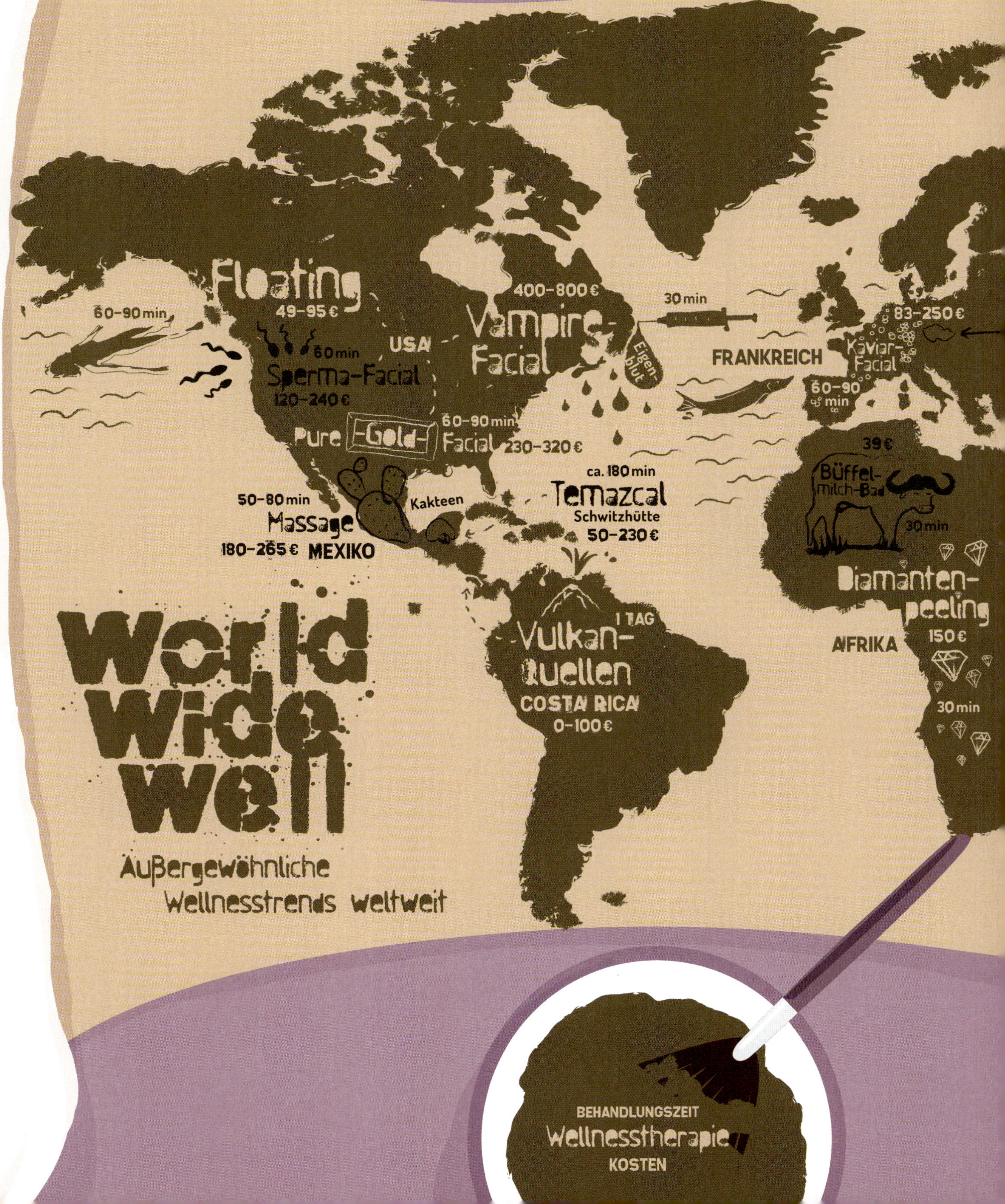

70–126 €
Bier-Bad
TSCHECHIEN
60 min
180 min
Wenik-Aufguss
30 €
RUSSLAND
Geisha Facial
167 €
60 min
Nachtigallenkot
15 min
Elefanten-rüssel-massage
THAILAND
150 €
60 min
Schneckenschleim-Facial
186 €
JAPAN
TÜRKEI
30–45 min
Fischpediküre
29–45 €
32–55 €
Schlangen-massage
INDONESIEN
90 min
THAILAND
AFRIKA
325 €
Face Slapping
15 min
10 €
Bokoma
AUSTRALIEN
heiße Muscheln
75 €
Tokoriki-Massage
60 min
FIDSCHI

YoGallery

Yoga-Übungen für Körper & Seele

TAUBE
Eka Pada Rajakapotasana

BAUM
Vrksasana

SKORPION
Vrischikasana

PYRAMIDE
Parsvottanasana

SCHAUKEL
Lolasana

REIHER
Krounchasana

Yoga ist kein Trend, es ist eine Bewegung, und das ist auch in Deutschland spürbar: Im Jahr 2014 praktizierten etwa 2,6 Millionen Menschen Yoga, darunter deutlich mehr Frauen als Männer. Um die Qualität der Ausbildung und des Trainings zu gewährleisten, sollte man darauf achten, dass der eigene Trainer Mitglied im Berufsverband der Yogalehrenden in Deutschland (BDY) ist.

KRIEGER II
Virabhadrasana II

SCHMETTERLING
Bhadrasana

DREIECK
Trikonasana

HERABSCHAUENDER HUND
Urdhva Mukha Svanasana

KOBRA
Bhujangasana

TÄNZER
Natarajasana

RAUCHZEICHEN

KLEINE ZIGARRENKUNDE

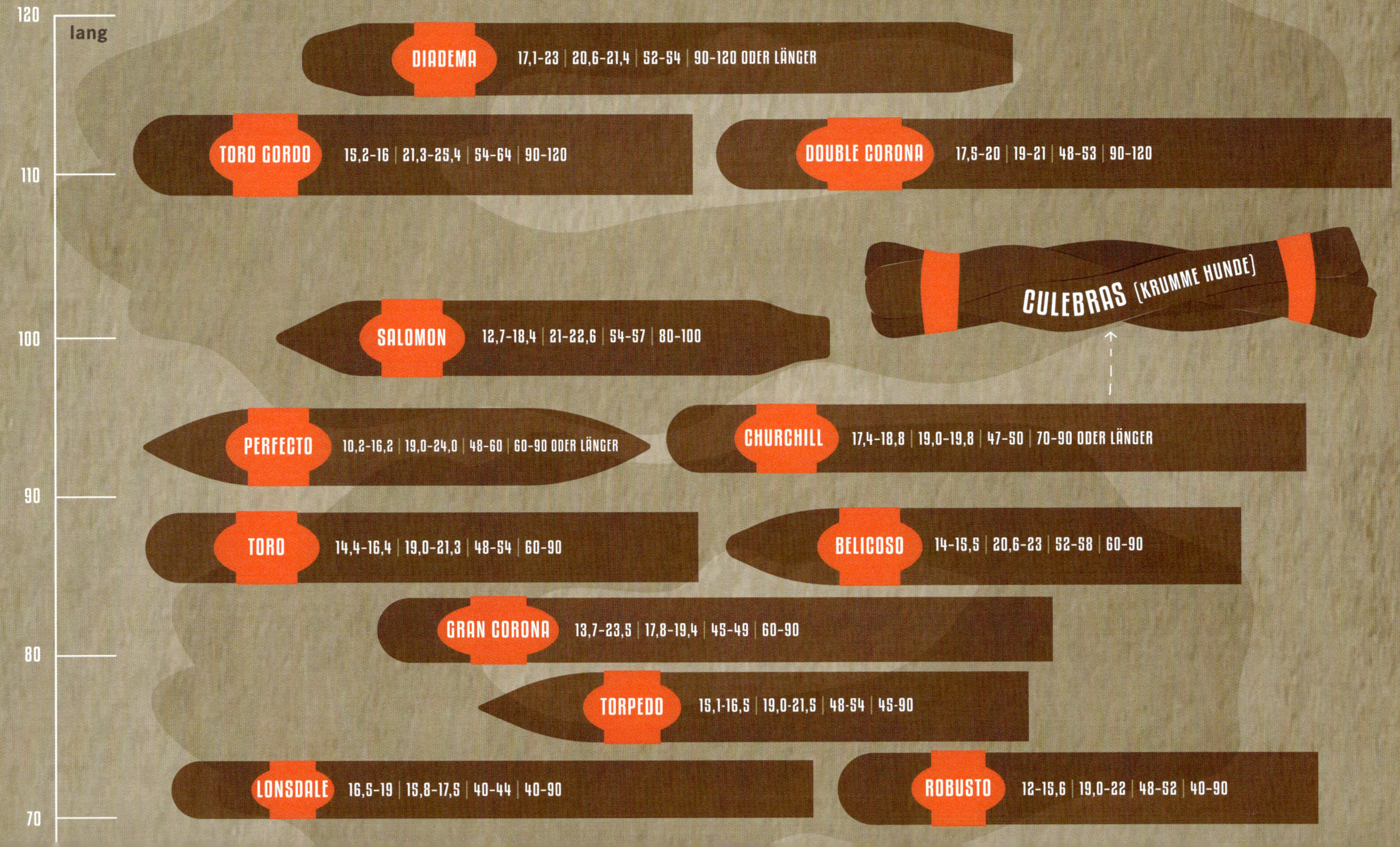

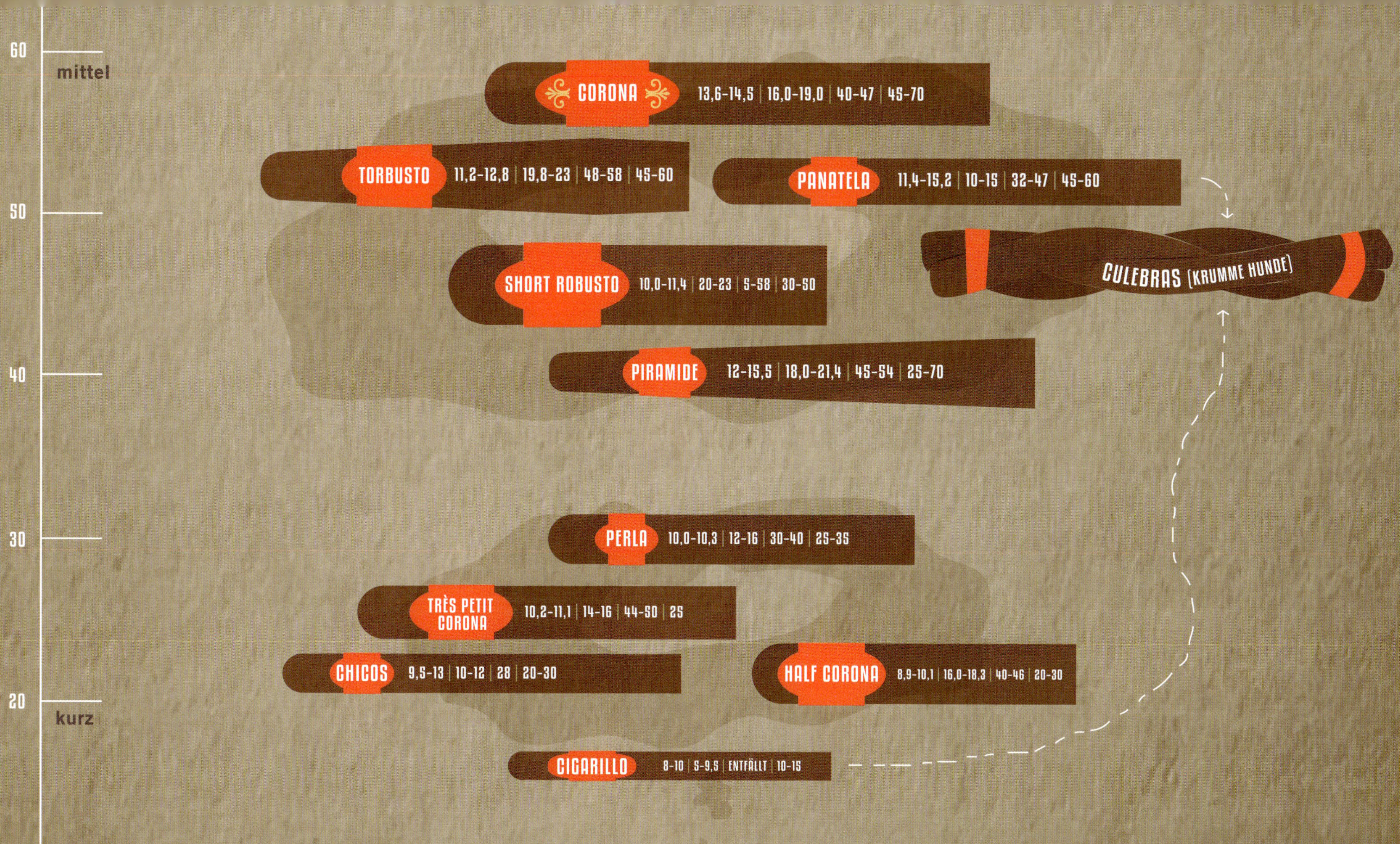

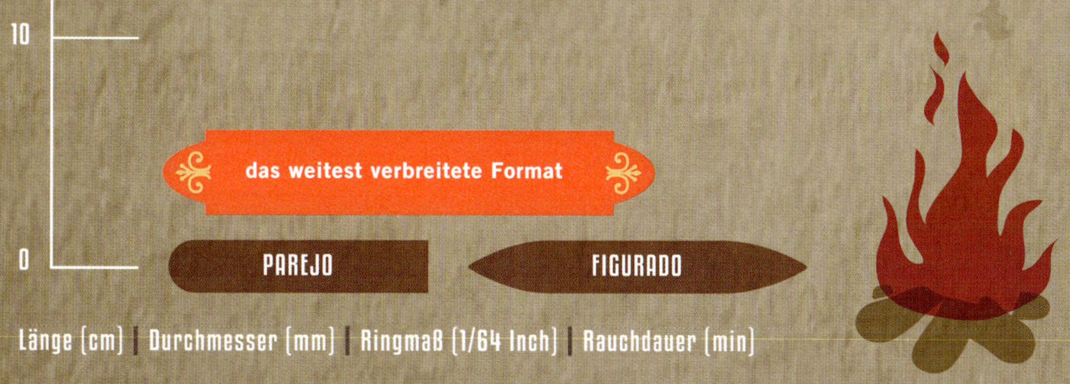

Das Churchill-Format (benannt nach dem britischen Premierminister Winston Churchill, einem leidenschaftlichen Zigarrenraucher) kombiniert Länge mit Dicke. Es wurde lange Zeit von den Firmen Alfred Dunhill (London) in Kooperation mit Romeo y Julieta (Havanna/Kuba) eigens für den Premierminister mit personalisierter Bauchbinde produziert. Die Bezeichnung „Churchill“ wird heute allerdings von Herstellern und Händlern sowohl als Markenname für ganz bestimmte Zigarren als auch als allgemeine Bezeichnung für dieses Format verwendet. Die korrekte Bezeichnung für das sehr beliebte Format lautet „Julieta 2“ und ist definiert durch eine Länge von 178 mm und ein Ringmaß von 47 = 18,65 mm. Abweichungen kommen vor. Hochwertige Tabake entfalten als Churchill-Zigarre ihren vollen Geschmack.

GRÜNE MITBEWOHNER

ZIMMER- UND BALKONPFLANZEN RICHTIG PFLEGEN

Zimmerpflanzen erfreuen sich nach wie vor großer Beliebtheit und sind für viele Menschen fester Bestandteil jeder Zimmereinrichtung. Sie sorgen für frische Luft und gute Laune, nicht nur zu Hause sondern auch im Büro. Jedes Jahr geben die Deutschen rund 50 Millionen Euro für Zimmerpflanzen aus. Die Beliebtesten davon zeigt diese Grafik.

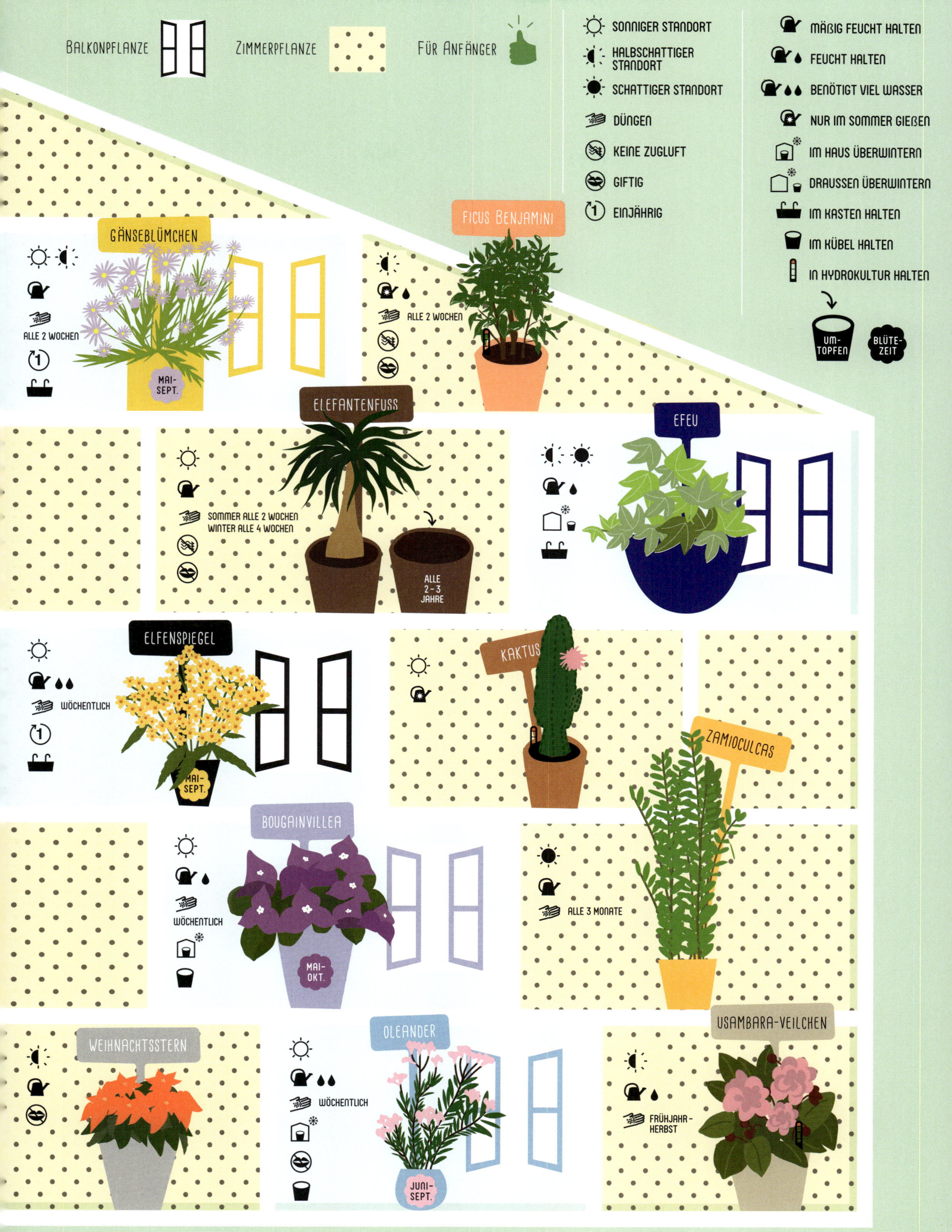

Balkonpflanze
Zimmerpflanze
Für Anfänger
Sonniger Standort
Halbschattiger Standort
Schattiger Standort
Düngen
Keine Zugluft
Giftig
Einjährig
Mäßig feucht halten
Feucht halten
Benötigt viel Wasser
Nur im Sommer gießen
Im Haus überwintern
Draussen überwintern
Im Kasten halten
Im Kübel halten
In Hydrokultur halten
Um-topfen
Blüte-zeit
Gänseblümchen
Alle 2 Wochen
Mai-Sept.
Ficus Benjamini
Alle 2 Wochen
Elefantenfuss
Sommer alle 2 Wochen
Winter alle 4 Wochen
Alle 2-3 Jahre
Efeu
Elfenspiegel
Wöchentlich
Mai-Sept.
Kaktus
Zamioculcas
Bougainvillea
Wöchentlich
Mai-Okt.
Alle 3 Monate
Weihnachtsstern
Oleander
Wöchentlich
Juni-Sept.
Usambara-Veilchen
Frühjahr-Herbst

Einfachzucker = natürlicher Zucker **Glukose** = Traubenzucker/Dextrogen ▢ = 3g

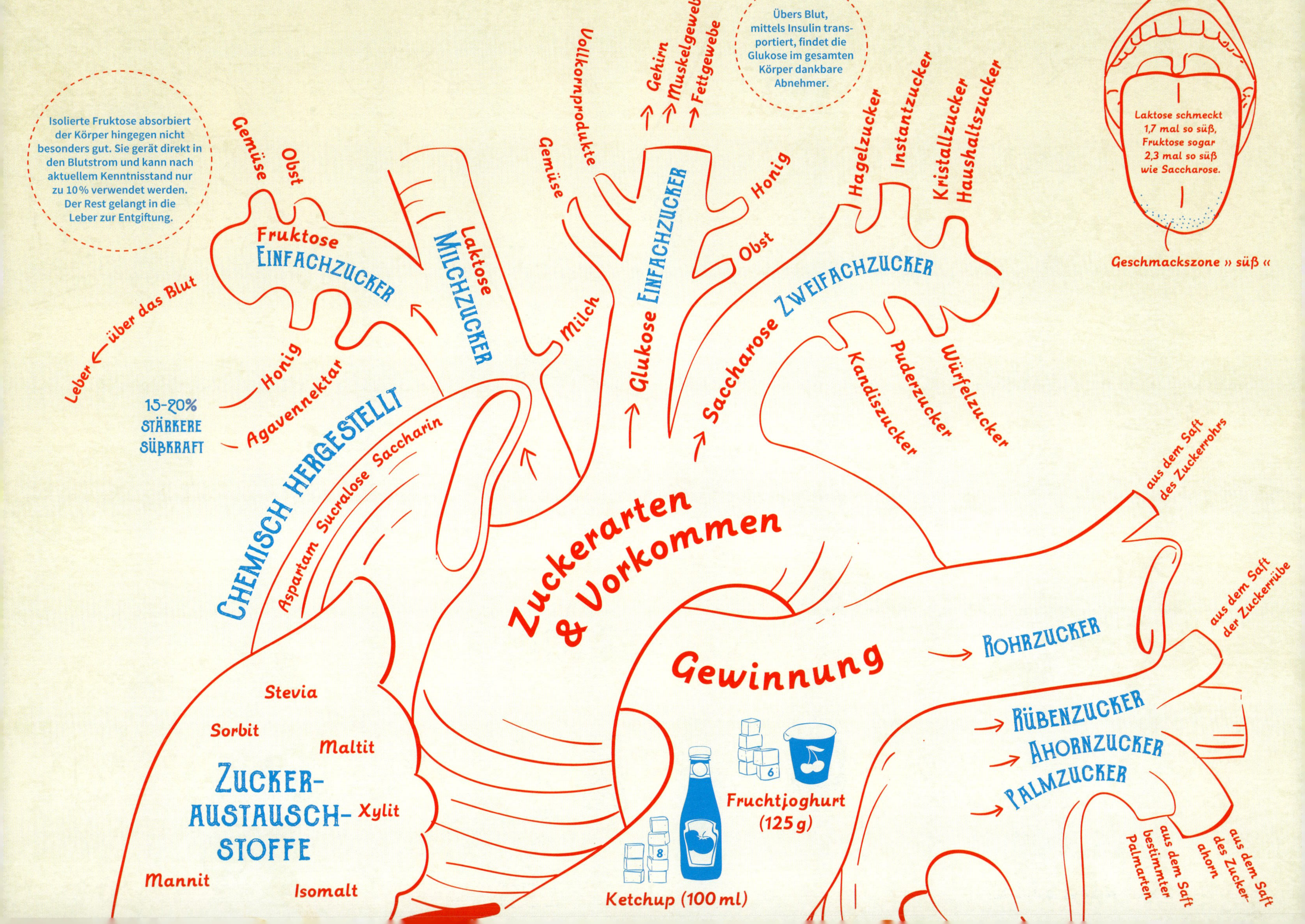

SWEET HEART

Zucker und andere Süßungsmittel

Laut Weltgesundheitsorganisation (WHO) sollte der durchschnittliche Zuckerkonsum eines Menschen sechs Teelöffel (25 g) am Tag nicht übersteigen. Bei den Deutschen liegt dieser im Schnitt bei 16 Teelöffeln (2015). Insbesondere in Fertigprodukten verstecken sich häufig Zuckerfallen – selbst kochen ist also schon ein guter Anfang. Welche Zuckerbomben wir vielleicht außerdem auf unserem täglichen Speiseplan haben, zeigt die Grafik.

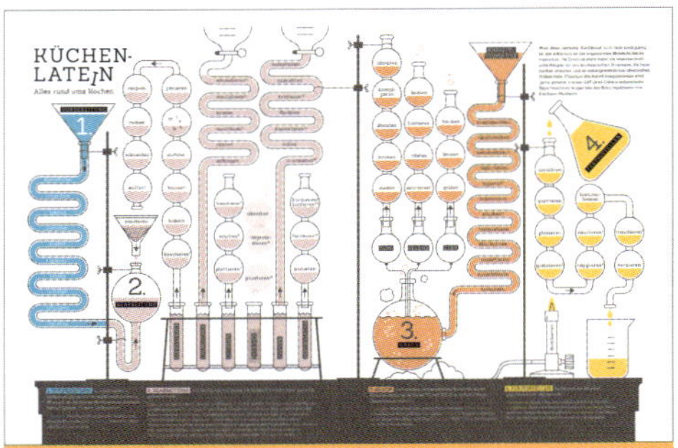

Kochen
76

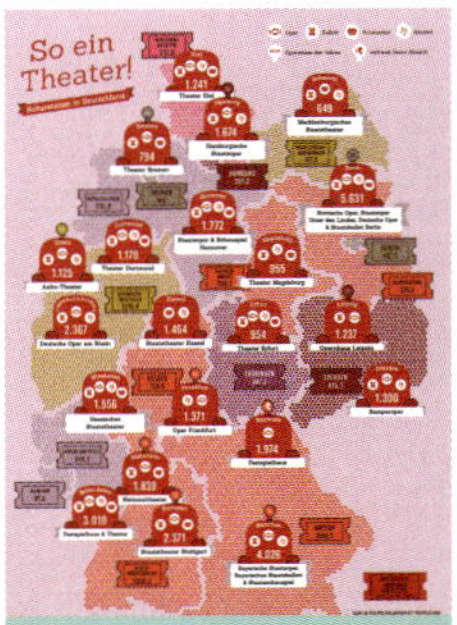

Kulturstätten in Deutschland 78

Kräuter
80

Krawatten
82

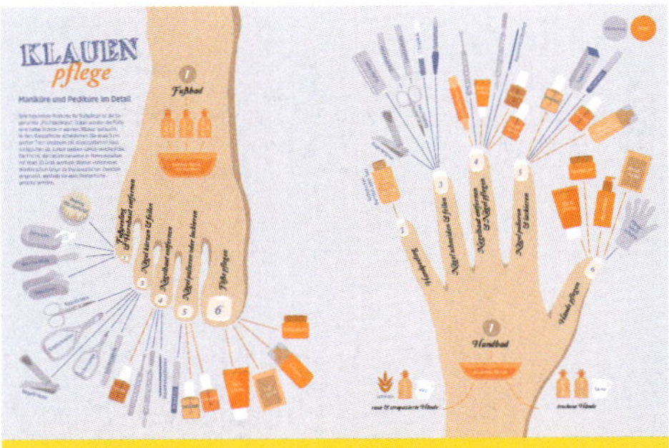

Maniküre & Pediküre
84

Meditation
86

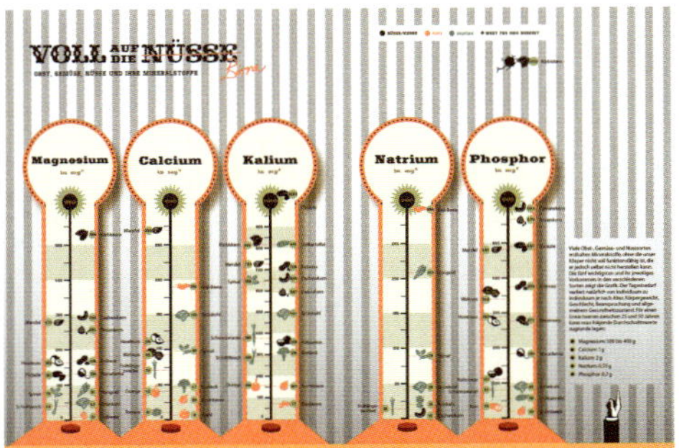

Obst & Gemüse
88

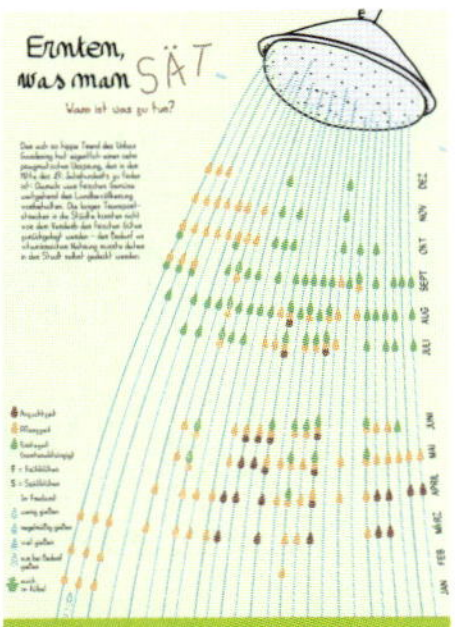

Obst- & Gemüseanbau
90

Parfüm
92

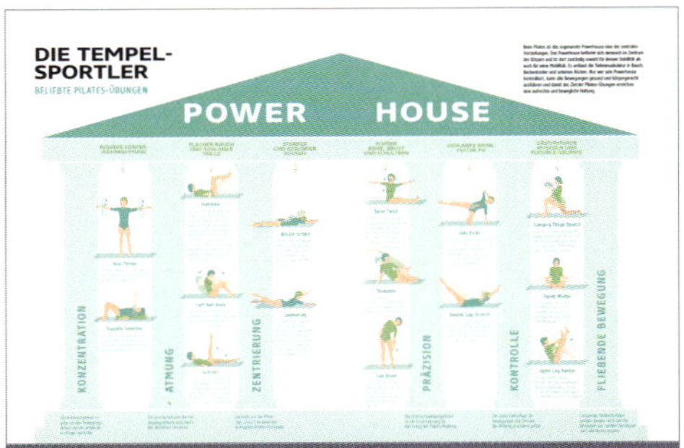

Pilates
94

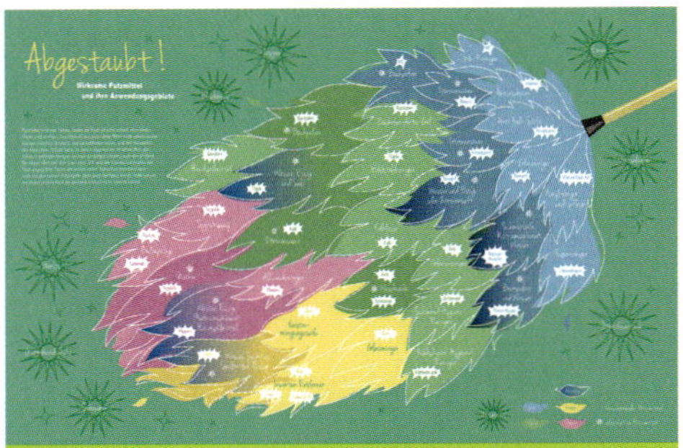

Putzmittel
96

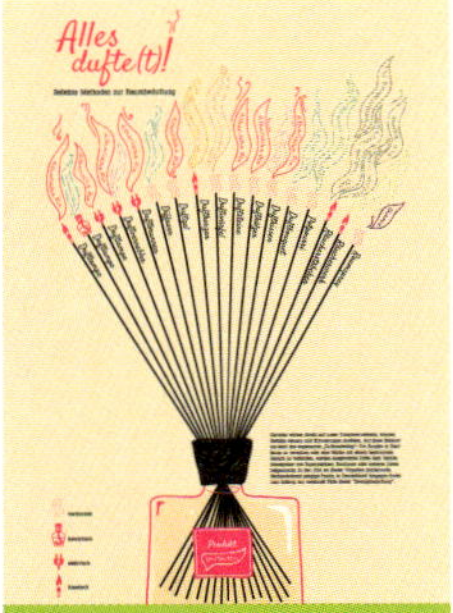

Raumdüfte
98

Recycling
100

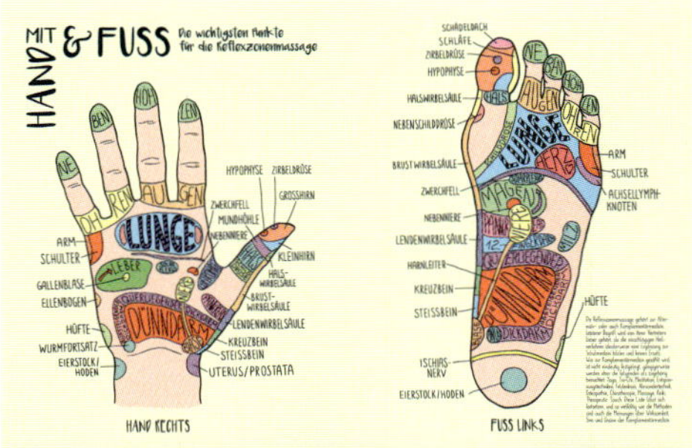

Reflexzonenmassage
102

Röcke
104

Saucen
106

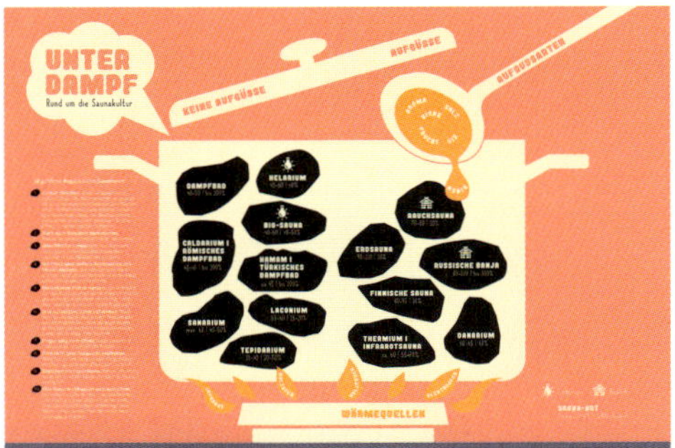

Sauna
108

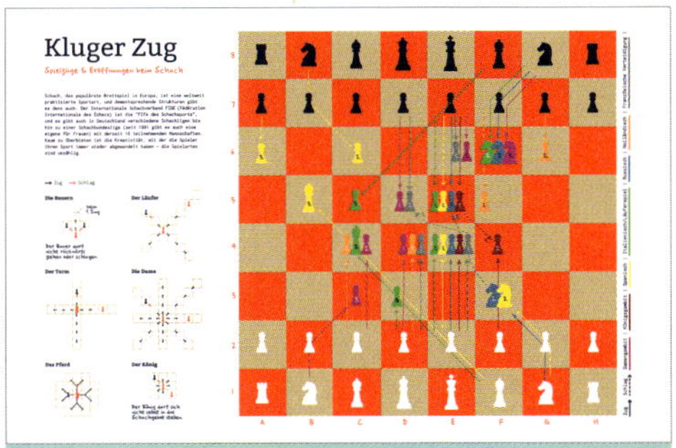

Schach
110

Schönheitspflege
112

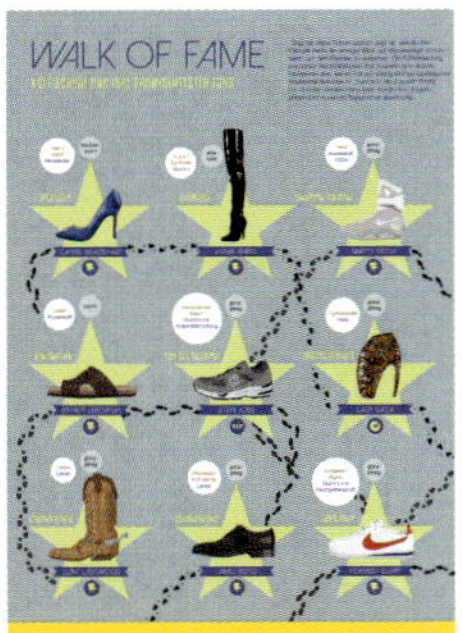

Schuhe
114

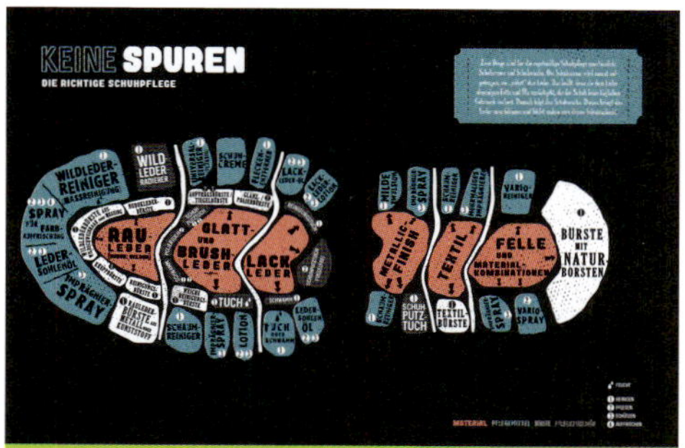
KEINE SPUREN
DIE RICHTIGE SCHUHPFLEGE

Geschmeidig

A GIRL'S BEST FRIENDS
Schmuckstücke richtig pflegen
Glas
Perlen
Leder
Stoff

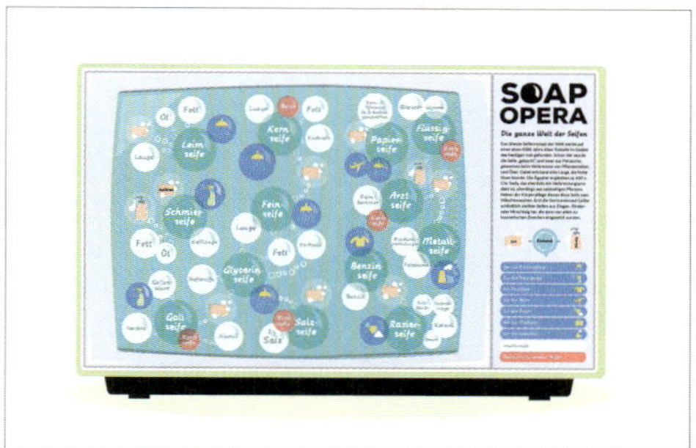
SOAP OPERA

Gemeinsam STARK

Kommunikation web-weit

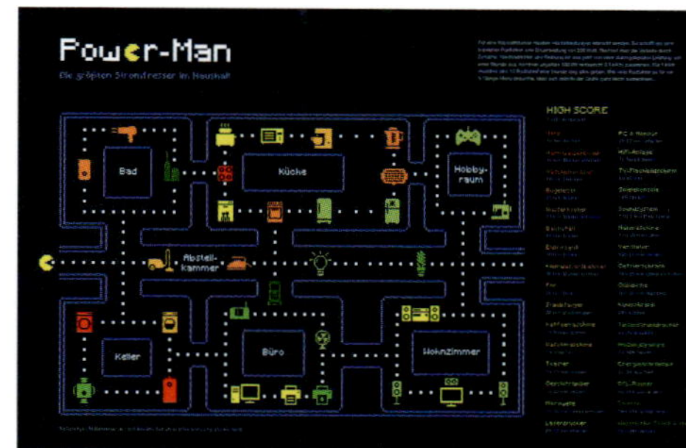
Power-Man

Nestlé
Mondelez
Mars

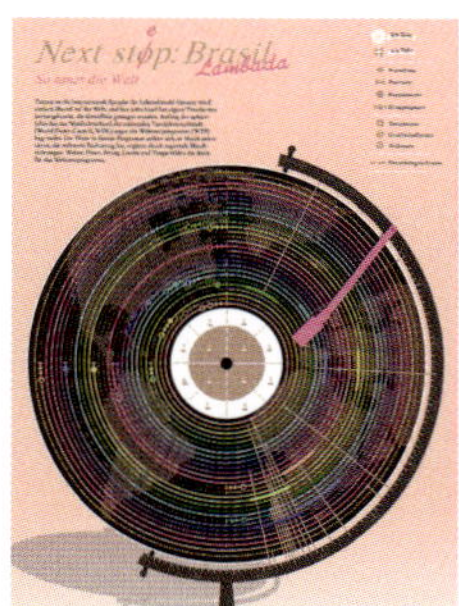
Next stop: Brasil

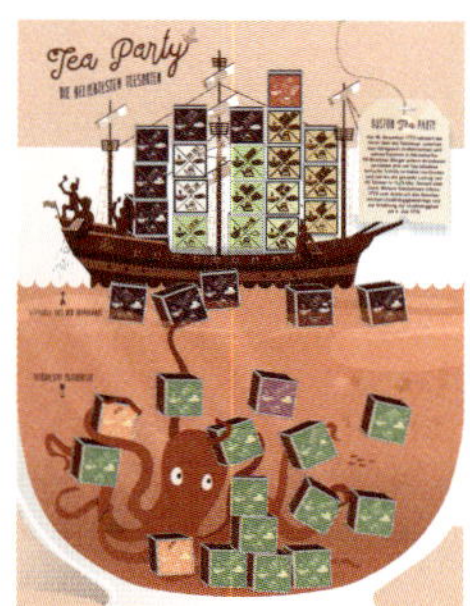
Tea Party

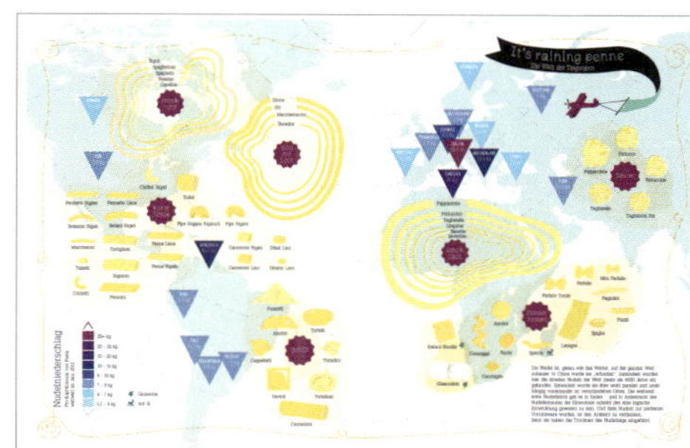
It's raining penne

Von der Rolle

HIER STIMMT DIE CHEMIE
Waschen und Kleiderpflege auf einen Blick

DER STOCK DES LEBENS

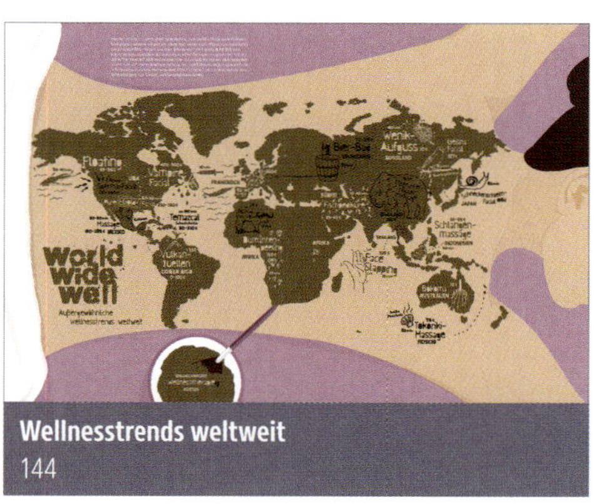
World Wide Well

YoGallery

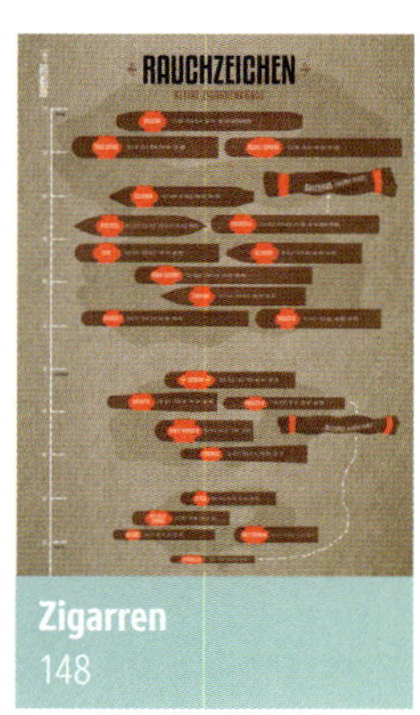
RAUCHZEICHEN

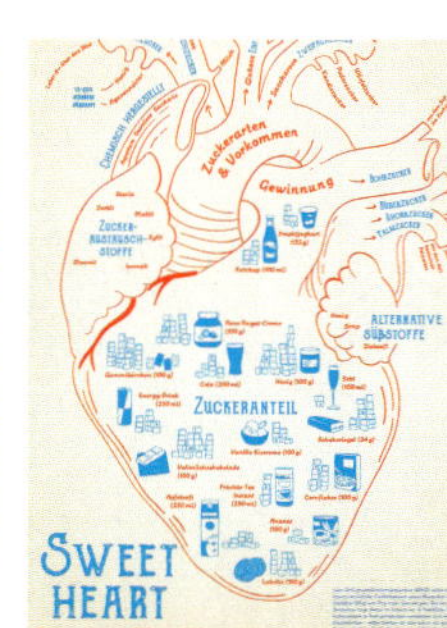
SWEET HEART

Unser liebstes Spielzeug

Rundum trainiert
BAUCH
BEINE
PO

heute back' ich, morgen brau' ich...
DEUTSCHLAND, DEINE BIERE

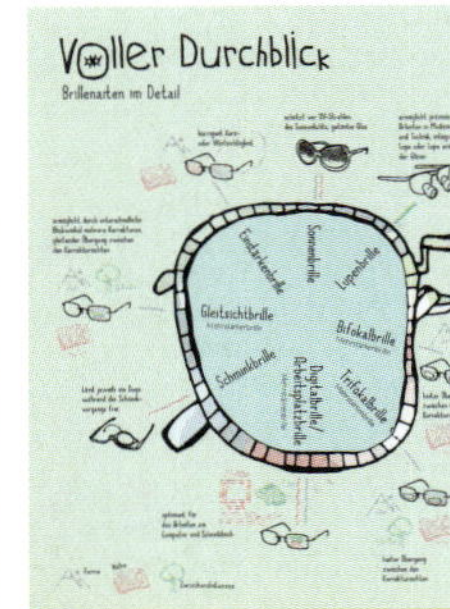
Voller Durchblick
Brillenarten im Detail

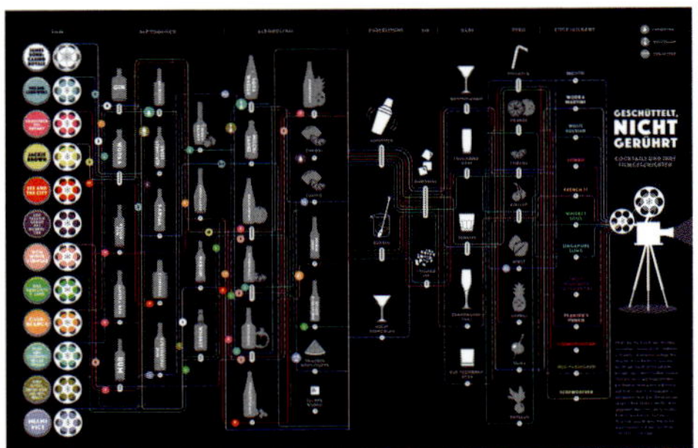
GESCHÜTTELT, NICHT GERÜHRT

Gesund, gesünder, Detox

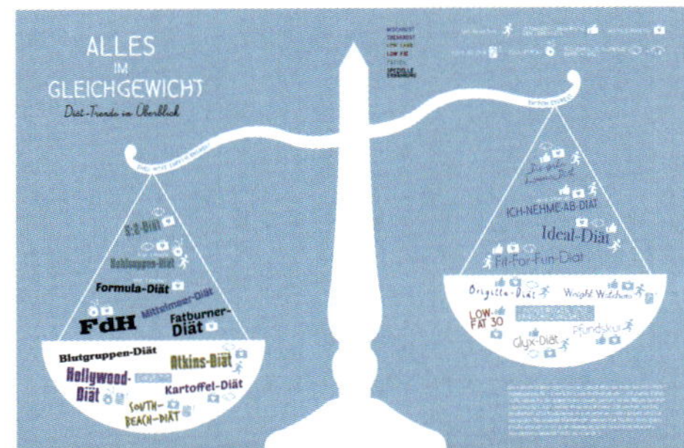
ALLES IM GLEICHGEWICHT
Ideal-Diät
FdH
Atkins-Diät
Hollywood-Diät
Kartoffel-Diät

VERPULVERT!

Akku voll
ENERGIESPAREN IM HAUSHALT

Irland

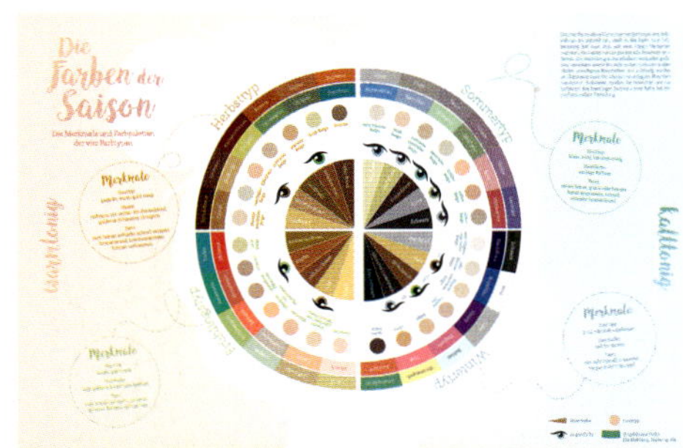
Die Farben der Saison

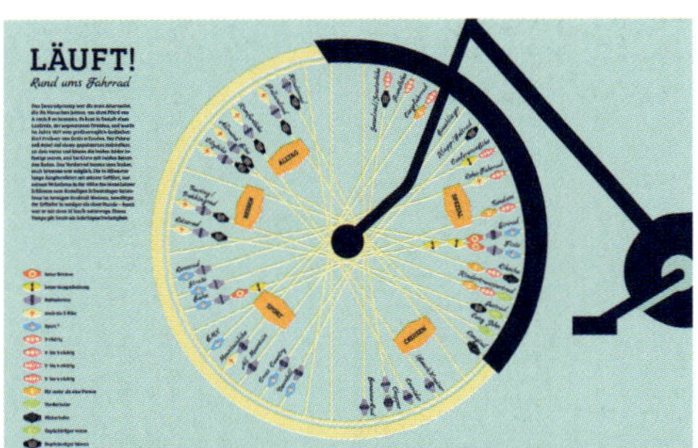
LÄUFT!
Rund ums Fahrrad

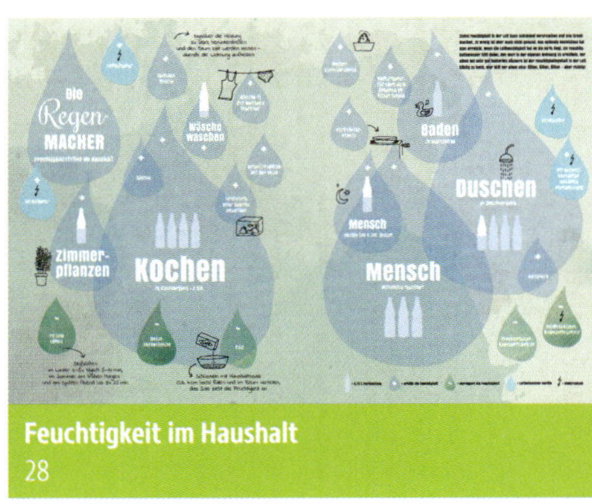
Die Regen-MACHER
Kochen
Duschen
Mensch
Zimmer-pflanzen
Baden

Proportional perfekt

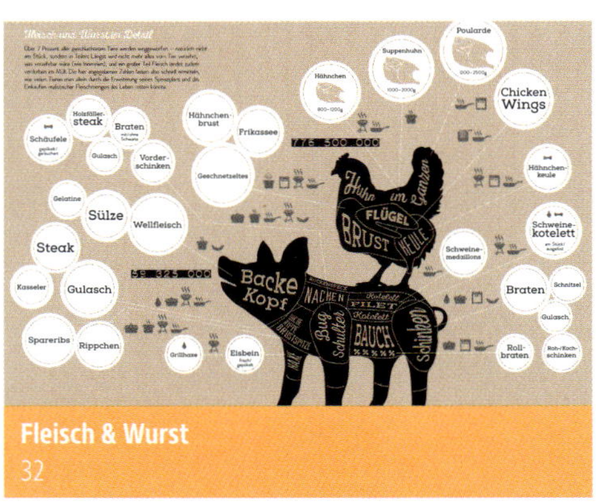
Chicken Wings
Steak
Sülze
Gulasch
Braten
Backe
Kopf
Bauch
Schinken
Rippchen

BUNTES TREIBEN
Fleckenentfernung leicht gemacht

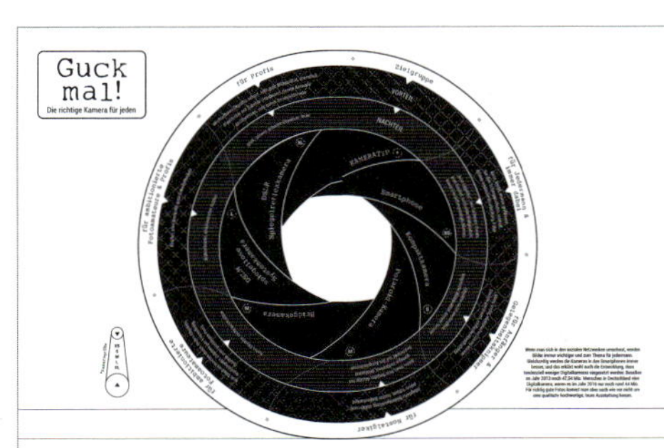
Guck mal!
Die richtige Kamera für jeden

Food & Drinks Mode & Style Haus & Hof Body & Soul Spiel & Spaß

Noch mehr Lebenshilfe für Sie!

Trick 17 –
365 geniale Alltagstipps
ISBN 978-3-7724-7514-6

Trick 17 –
Das Original

Trick 17 – Küche
ISBN 978-3-7724-7468-2

Trick 17 –
Advent & Weihnachten
ISBN 978-3-7724-7693-8

Trick 17 –
Fashion & Beauty
ISBN 978-3-7724-7716-4

YEAH!

Trick 17 – Urlaub & Reisen
ISBN 978-3-7724-7745-4

Trick 17 – Handarbeiten
ISBN 978-3-7724-6455-3

Noch mehr zum Thema Lifehacks auf: www.trick17-dasbuch.de

Weitere Ideen zum Selbermachen gesucht?

Lieblingsstücke von einfach bis einfach genial finden Sie bei TOPP! Lassen Sie sich auf unserer Verlagswebsite, per Newsletter oder in den sozialen Netzwerken von unserer Vielfalt inspirieren!

Website

Verlockend: Welcher Kreativratgeber soll es für Sie sein? Schauen Sie doch auf **www.TOPP-kreativ.de** vorbei & stöbern Sie durch die neusten Hits der Saison!

Newsletter

Bunt, fröhlich & überraschend: Das ist der TOPP-Newsletter! Melden Sie sich unter: **www.TOPP-kreativ.de/Newsletter** an & wir halten Sie regelmäßig mit Tipps & Inspirationen über Ihr Lieblingshobby auf dem Laufenden!

TOPP-Autoren

Sie wollen wissen, wer die „Macher" unserer Bücher sind? Wer Ihnen nützliche Tipps & Tricks gibt? Auf **www.TOPP-kreativ.de/Autor** warten jede Menge spannender Infos zum jeweiligen Autor auf Sie. Finden Sie heraus, welches Gesicht hinter Ihrem Lieblingsbuch steckt!

Extras zum Download in der Digitalen Bibliothek

Viele unserer Bücher enthalten digitale Extras: Tutorial-Videos, Vorlagen zum Downloaden, Printables & vieles mehr. Dieses Buch auch? Dann schauen Sie im Impressum des Buches nach. Sofern ein Freischaltcode dort abgebildet ist, geben Sie diesen unter **www.TOPP-kreativ.de/DigiBib** ein. Nach erfolgreicher Registrierung erhalten Sie Zugang zur digitalen Bibliothek & können sofort loslegen.

Facebook

Werden Sie Teil unserer Community & erhalten Sie brandaktuelle Informationen rund ums Handarbeiten auf **www.Facebook.com/Mitstrickzentrale**
Wer sich für Basteln, Bauen, Verzieren & Dekorieren interessiert, ist auf **www.Facebook.com/Bastelzentrale** genau richtig!

YouTube

Sie wollen eine ganz neue Technik ausprobieren? Sie arbeiten an einem spannenden Projekt, aber wissen nicht weiter? Unsere Tutorials, Werbetrailer, Interviews & Making Of's auf **www.YouTube.com/Frechverlag** helfen Ihnen garantiert dabei, den passenden Ratgeber von TOPP zu finden.

Pinterest

Sie sind auf der Jagd nach den neusten Trends? Sie suchen die besten Kniffe? Die schönsten DIY-Ideen? All' das & noch vieles mehr gibt es von TOPP auf **www.Pinterest.com/Frechverlag**

Instagram

Sie sind auf Instagram unterwegs? Super, TOPP auch. Folgen Sie uns! Sie finden uns auf **www.Instagram.com/Frechverlag**
Möchten Sie uns an Ihrem Lieblingsprojekt teilhaben lassen? Am besten posten Sie gleich ein Foto mit dem Hashtag **#frechverlag** & wir stellen Ihr Werk gerne unserer Community vor – yeah!

Alles in einer Hand gibt's hier:

Kreativ-Bücher finden Sie auf www.TOPP-kreativ.de

IMPRESSUM

Inhalte, Grafiken und Satz:
Britta Rungwerth, mit inhaltlicher Unterstützung von Rosemarie Thiele,
mit grafischer Unterstützung von Vernice Collet, Yuxing Li, Julia Schmitz und Lia Hörner.

Umschlaggestaltung:
Britta Rungwerth

Produktmanagement und Redaktion:
Stephanie Iber

Druck und Bindung:
FIRMENGRUPPE APPL, aprinta druck, Wemding, Deutschland

1. Auflage 2017

ISBN 978-3-7724-7750-8
Best.-Nr. 7750